基于核心素养的课堂教学研究

蔡明生 著

北方文艺出版社

哈尔滨

图书在版编目（CIP）数据

　　基于核心素养的课堂教学研究 / 蔡明生著 . —— 哈尔滨 : 北方文艺出版社，2022.6

　　ISBN 978-7-5317-5603-3

　　Ⅰ . ①基… Ⅱ . ①蔡… Ⅲ . ①课堂教学 – 教学研究 Ⅳ . ① G424.21

　　中国版本图书馆 CIP 数据核字 (2022) 第 095798 号

基于核心素养的课堂教学研究
JIYU HEXIN SUYANG DE KETANG JIAOXUE YANJIU

作　者 / 蔡明生
责任编辑 / 李　萌　　　　　　　　　封面设计 / 邓姗姗

出版发行 / 北方文艺出版社　　　　　　邮　编 / 150008
发行电话 / (0451) 86825533　　　　　经　销 / 新华书店
地　址 / 哈尔滨市南岗区宣庆小区 1 号楼　网　址 / www.bfwy.com

印　刷 / 三河市元兴印务有限公司　　　开　本 / 710mm×1000mm　1/ 16
字　数 / 203 千　　　　　　　　　　　印　张 / 13.75
版　次 / 2022 年 6 月第 1 版　　　　　印　次 / 2023 年 1 月第 2 次印刷

书　号 / ISBN 978-7-5317-5603-3　　　定　价 / 48.00 元

序　言

当前中国基础教育正在向"核心素养"的新时代迈进。"核心素养"指学生应具备的适应终身发展和社会发展需要的必备品格和关键能力，突出强调个人修养、社会关爱、家国情怀，更加注重自主发展、合作参与、创新实践。落实到学校教育尤其是课堂教学上，一方面，核心素养指导、引领、辐射学科课程教学，彰显学科教学的育人价值，使之自觉为人的终身发展服务，"教学"升华为"教育"。另一方面，核心素养的达成，也依赖各个学科独特育人功能的发挥、学科本质魅力的发掘，只有乘上富有活力的学科教学之舟，才能顺利抵达核心素养的彼岸。

事实上，在学习时空论视域下，任何学习活动都应被视为一段时空的存在。就此意义而言，课程本身就是一种时空存在，也是一段特殊生命活动的过程。因此，课堂教学作为学校教育课程的主体，其必然（也必须）是落实核心素养的主要场域。换言之，课堂教学要承担起培养学生核心素养的任务，要与学科教学结合，形成合力。这就要求一线教师改变教育教学观念，明确核心素养与课堂教学的关系，把握核心素养导向下的课堂教学的特点，清楚核心素养导向下的教学机制和要求，用创新思维组织课堂教学活动、科学安排教学过程、创新运用教学方法、创设自主课堂，让核心素养的培养在极具现代教育气息的氛围中，贯穿课程目标、课程结构、课程内容、教学实施，以及教学质量标准与评价的整个过程中，进而与学科教学结合，承担起培养学生核心素养的使命。任何学科的教学都不是仅仅为了获得学科的若干知识、技能和能力，而是要同时指向人的精神、思想情感、思维方式、生活方式和价值观的生成与提升。核心素养的培育需要良好的教育。学科教学要努力把学生培养成为知识丰富、思维深刻、人性善良、品格正直、心灵自由的人。

本书基于课堂教学经验，探讨核心素养培养的课堂教学机制、课堂教学过程、课堂教学的本体和对象、课堂教学技术、课堂教学模式，以及课堂教学评价，以提升课堂教学实效。本书共分为七章：第一章为基于核心素养的课堂教学机制；第二章为基于核心素养的课堂教学过程；第三章为基于核心素养的课堂教学本体；第四章为基于核心素养的课堂教学对象；第五章为基于核心素养的课堂教学技术；第六章为基于核心素养的基本教学模式；第七章为基于核心素养的课堂教学评价。

本书在编写过程中参考了一些学者和同行的研究成果，选用了一些教学案例，在此一并致谢。由于笔者水平有限，再加上时间匆促，本书难免有不足之处，恳请指正。

目　　录

第一章 基于核心素养的课堂教学机制

学生的核心素养是适应个人终身发展和社会发展的必备品德和关键能力，也是学生面对未来世界发展、应对未来对自身挑战的重要砝码。想要实现学生核心素养的全面发展，需要通过科学的教学目标、教学内容，以及教学活动，将学科核心素养与个人发展和社会要求充分结合，为学生的未来发展夯实基础。而课堂教学作为学科教学的阵地，对于培养学生的学科核心素养起着关键作用。

第一节 基于核心素养的课堂教学及其作用

一、素养与核心素养

素养，通俗地说就是沉淀在人身上，对人的发展、生活和学习具有相当重要的价值和意义的东西。

（一）素养的来源

素养是与生俱来的、先天具备的东西，是个体的习性、习惯，更是一种社会价值、一种人类文明。因此，它来自遗传、环境、教育和自我教育，是这些因素共同作用的产物。其中，教育起着主导作用。

（二）素养的构成

素养的构成相当复杂，它包括人的内在气质、内在人格、行为习惯和思维方式，是它们的外在表现。

所谓内在气质，可比喻为精神长相，即从一个人的言谈举止可以看出一个人的学识、智慧、道德、态度、品格、思想、精神等。所谓内在人格，是指一个人在先天和后天多种因素交互作用过程中形成的内在动力组织和相应行为模式的统一体，它代表着具有个人个性特点的稳定的心理品质，是一个人的价值观、道德观和心理素质等在思维方式、行为模式和情绪反应中表现出来的独特的性格和气质。所谓行为习惯，是指一个人天长日久形成的固定行为模式，是下意识表现出的言行。所谓思维方式，即一个人认识世界、思考问题的方法，它反映了一个人在智力、学识上的素养。

总之，素养是在多种因素的综合作用下形成的，渗透在一个人的心灵，涵盖着一个人的全部精神世界。

（三）素养与核心素养

由上述素养的构成可知，素养是先天和后天综合作用的产物，而这其中最重要的组成部分，就是核心素养。因此，核心素养是素养的重要组成部分，是素养的核心，二者之间是母与子的关系，素养是母，核心素养是子。

这其中的核心，是指这部分素养是个人终身发展和可持续发展的基础，是其他素养的种子，是每个人参与社会生活的必备条件，是一个人的素养全面形成、持续不断发展的动力，是学校教育的聚焦点和着力点。

（四）学科核心素养

学生发展核心素养落实到课程中的前提，就是建立各学科的核心素养。

2018 年 1 月，基于学科核心素养的 2017 年版高中各学科课程标准陆续颁布。从此，中小学课程教学改革进入核心素养新时代。

二、认识课堂教学及其作用

学生是学习的主人，在教和学的过程中，学生为主体。而课堂教学是发挥学生的主体性的重要载体。课堂教学方式影响着学生课堂学习的效率，是学生成为学习的主体、参与教学过程的重要保证。

（一）认识课堂教学及其构成要素

从字面上看，课堂教学是教师在教室中上课，学生在教室中听课的过程。从理论上看，课堂教学又称班级上课制，是教育教学中普遍使用的一种手段，是教师按照预先写好的教案，在给定的条件下，运用一定理论、技能、手段和方法，传授学生知识和技能的全过程。它是一种目标明确、按计划、有组织、有步骤的"教师的教"与"学生的学"相结合的双边活动过程。教师、学生和教材是课堂教学系统中的三个主要因素，三者处于同一层次，在教学过程中相互矛盾又相互统一，共同构成了动态教学过程的平衡，以保证课堂教学质量。

1. 教师

教师在课堂教学中起着主导作用。何为主导作用？叶圣陶先生说："所谓教师的主导作用，意在善于引导启迪。"钱梦龙先生在其"教师主导论"中则直接将教师在课堂教学中的主导作用概括为组织者、启发者、鼓励者和讲授者。这是因为教师是教学活动的组织者，要根据教学要求，按教材内容和学生特点，采取一定的方法和手段，对学生进行知识教育和思想品德教育，教师在教学过程中起主导作用。教师要借助教学活动，通过研究教材、教学目的和学生的实际情况这三者的内在联系，找到适合提高学生能力的教学方法，促进学生的智力发展，实现教学目的。

2. 学生

学生是课堂教学的主体。为此钱梦龙先生提出"学生主体论"，他指明"学生的学习过程虽然是一个特殊的认识过程，但无论这个过程如何特殊，学生总是认识的主体，他的认识活动只能通过他自己的实践和感知，在他自己的头脑里进行，是任何人代替不了的"。因此，教师组织教学必须以学生为主体，必须确认在教学过程中学生是认识的主体，确认学生是教学信息、知识能力的转换者和接收者，是教学效果、教学质量的体现者。学生在课堂教学中的主动介入、学习积极性的充分调动，是提高教学质量的前提。

3. 教材

教材在课堂教学系统中是教学的依据，是教师对学生施加影响的主要信息，也是学生认识客观世界的媒介，是实现教学目的的重要保证。在课堂教学中，它起着极其重要的作用：一是它是知识的载体，规定信息的意义，是课堂教学存在的前提；二是它影响着教师、学生对信息的编码和教学程序；

三是它对教学诸方面加以制约，从而影响着教学过程。

（二）影响课堂教学的主要因素

课堂教学的重要意义在于借助教学让学生获得发展，因此其教学效益至关重要。而课堂教学效益是指教学时间内教学输入与课堂教学输出之间的比例。因此，理想的课堂教学效益是以最小的投入最大化学生的收益和发展。

而影响课堂教学效益的主要因素包括教学方法、教学手段、教学内容、教学目标和师生互动。

1. 教学方法的选用

教学方法是实现课堂教学目标的途径和手段，是影响课堂教学和实施素质教育过程中效率的重要因素。在教学中，教师是否采用了学生喜欢的、有效的教学方法，成为影响课堂教学效果和道德教育功能的不可忽视的因素。

2. 教学手段的选择

教学手段是课堂教学效率动态维度的一个组成部分。教学方法的选择直接影响课堂教学的效率。当前，无论是选择传统的、缺乏现代教育技术的教学方法，还是过多使用现代教学方法，均影响着课堂教学水平的提高。

3. 教学内容的优化

教学内容是课堂教学静态维度的一个组成部分。优化教学内容，包括教学内容难度、容量、教学时间分配及利用率、教学内容呈现顺序、教学内容细节及权衡，这些直接制约和影响课堂教学效益。

4. 教学目标的设置

教学目标是教学活动的指标，是教师和学生在教学中应有的学习成果和标准。它是教学的起点，也是课程的灵魂。在课堂教学中，教师能够科学、完整地设置情感态度、价值、能力、知识教学目标是获得课堂教学效益的第一要素。

5. 师生之间的互动

在课堂教学中，见、说、想、做、动是教学的重要互动元素。教师在课堂教学过程中要能够科学安排，使这些要素合理组合。师生之间的有效互动也是影响课堂教学效率的重要因素。学生被动接受，缺乏参与经验，缺乏协作探究，师生之间缺乏有效的互动，将影响课堂教学的有效性。

（三）课堂教学的作用

课堂是一个充满活力的整体，借助教师的主导作用，发挥着学生的主体作用，从而营造出知识学习的空间。

1.以利于向全体学生进行大规模教学

课堂教学以"课"为教学活动单元，保证学习活动循序渐进，并使学生获得系统的科学知识，扎实而完整。在课堂教学这种模式下，一位教师能同时教许多学生，扩大了单位教师的教学能量，有助于提高教学效率，而且使全体学生共同前进，因此可以大规模地面向全体学生进行教学。

2.体现教师的主导作用，便于管理

课堂教学是由教师设计、组织并上"课"，以教师的系统讲授为主，兼用其他方法，可以保证教师发挥主导作用。同时，课堂教学有着固定的班级人数和统一的时间单位，有利于学校合理安排各科教学的内容和进度并加强教学管理，从而赢得教学的高效性。

3.集体性学习活动，利于学生多方面发展

课堂教学是以班集体的形式，让师生共同学习，学生之间出于共同目的和共同活动集结，可以互相观摩、启发、切磋、进步；学生可与教师及同学进行多向交流，互相影响，从而增加信息来源或教育影响源。同时，课堂教学在实现教学任务上比较全面，有利于学生多方面的发展，可以保证学生获得系统的知识、技能和技巧，深化对学生的思想政治影响，启发学生思维、提高想象能力及激发学生的学习热情等。

三、理解课堂教学转型的实质

课堂教学是一种创造性活动。教师只有不断进行教学创造，潜心于变革自身，方能让课堂成为照亮学生发现与创造之路的灯火，才能成为变革班级中每一个学生精神世界的殿堂。而这就要求教师转变传统的课堂教学观，让课堂教学转型为培养学生学科核心素养的充满智慧能量的、高格调的课堂。

（一）课堂教学转型的意义

课堂是一种生活，是一种冒险的生活、一种不可预期的生活、一种富含养料的生活。这意味着在课堂中，生命应有激情、应有尊严、应有内涵、应获得生长，进而实现生命的价值和意义。而课堂教学转型可以还课堂以生命和活力，重塑课堂教学的意义。

1. 重塑课堂教学的社会化价值和生命意义

学校教育的"人的社会化"任务，并非仅靠特别的课程或活动去完成，还要聚焦于学科课堂教学的互动维度。课堂环境将社会性的诸多元素加以体现，同时也将其隐藏于教学深处。因此从人的"社会化成长"的教育任务这一角度来看，课堂转型具有特别的意义。

（1）课堂是社会环境的缩影，可以为学生提供实践的机会

当课堂成为社会的缩影时，人的社会性适应就可以在其中获得体验，同时课堂之外的校园生活和活动，辅之适当的学校向社会开放、学生走出社会参加一些特别的课程，由此形成了训练学生适应未来社会的学校教育整体格局。因此课堂转型，可以打造面向未来的教育，关注培育学生的系统思维能力，训练学生调动系统思维，从而激发学生综观全局的本能。

（2）提升学生对生命的认知，激发其追求成功的信心和勇气

课堂教学转型，从现实角度而言，会培养学生敏锐的直觉、解决问题的能力、综观全局和将问题简单化的思维习惯，会让学生时不时地产生充满灵感且极富远见的想法，让师生共同感受到教育对学生生命成长的意义，让学生意识到追寻生命的意义是自身的根本需求，让教师在提高学生的学业成绩的同时，思考激励学生的生命成长的方法与手段，进而让课堂教学中出现一些让学生参与的极富创造意义的活动。于是在这些具有创造意义的活动中，学生可以释放精力，这推动了课堂教学的实质性进步，看到了逆境中成长的希望，激发了学生追求成功的信心和勇气。

（3）实现知识的社会建构，提升教学的社会性价值

"知识是社会建构的"，这一观点更加显示了课堂教学的社会化价值。说某个东西是被建构的，意思是它不是被发现的，而是被建立的。一块石头被人合力推到山上，这就是社会建构的；一块石头自然地立在山上，被人发现了，这就不是社会建构的，而是被发现的。建构是有组织的建立，不是偶然的建立。为什么有组织地建构？因为有需求和利益，这是现实和未来不可避免的、别无选择的。

课堂教学转型可以让教育充满社会建构之道，打造高层次的、深刻的教育质量，将"人的社会性发展"嵌入课堂的知识学习中，从而引发一系列基于社会化的学习，于是模仿演变为榜样的力量，学习的目标导向社会。矛盾和冲突一方面令学习的障碍显性化；另一方面可以发现那些无意识的积累的价值，让学生学会于倾听和记忆中体验文化教育，还让他们在理智和经验增长后学会批判和拒绝，进而在互动式学习中，转变个体的经验和发展。

2.体现信息时代课堂变革行动的教育意蕴

面对踏上信息高速公路的社会发展，课堂教学转型可以更好地让教师适应时代要求，更新知识，打造以互联网技术为核心的"新兴课堂"。

（1）可以及时进行信息反馈，引发课堂教学方式的变化

如此一来，一方面可以解决传统课堂教学中存在的反馈结果困难的问题；另一方面可以让教师迅速了解学生个体的学习状况和整个班级的知识点掌握情况，及时调整教学进程和方式。转型后的课堂教学可以适应信息技术发展的要求，从而创造新型的教学风格，引发课堂对话方式的改变，让课堂教学活动的行为模式发生改变，改变传统课堂教学中相当多的学生保持沉默的表现方式，让学生更愿意与教师或同伴公开交流，或是以书面表达的方式，或是以真诚的言语沟通，从而让学生在不知不觉中进入学习的中心地带。

（2）拓展了学生学习的空间，促进了学生学习的主动性的提升

让课堂教学转型适应互联网技术的变化，让课程资源的供给侧结构发生变化，从而让学校自主开设课程获得了空间，体现了对学生核心素养的培养，强调了核心学科、基础知识的重要性，从而培养出真正可以改变世界的人才，

让学生的课堂学习成为"更加愉快的智力探究活动"，让学生的每一节课都成为"愉快的精神之旅"，达到课堂教学追求的高境界。

（3）促进了学生创新精神的发展，提升了学生的服务意识

课堂教学转型后，教师能用一种"自由精神"来看待课堂学习，促使学生在学习知识的同时发现世界，进而培养了学生的探究和创新精神，让他们能"不是为了了解去发现，而是为了发现去了解"。同时，教师可以在课堂教学的任何时候允许学生对于现实世界充满浪漫奇想，心怀好奇，让学科教学成为学生真正主动运用原理并为别人提供服务的知识启蒙，从而使学生能够自觉地用自己的努力去满足学校生活，以及家庭、社区甚至国家的实际需要，提升学生的服务意识。

3. 承担起新时代教育的使命

课堂并不仅仅是传递的场所，更是一种沟通的组织，是师生之间借助交互作用，相互传递、彼此交流，从而获得创新、变革自我的一种沟通。课堂教学转型，让教师在承担起新时代教育的使命的同时，引导学生通过探究的课堂展开能动的学习——同客观世界对话、同他者对话、同自我对话，从而最大限度地丰富每一个学生的探究体验，培育"求真、求善、求美"的探究精神。

4. 提升了课堂教学的意义

约翰·杜威（John Dewey，以下简称"杜威"）曾说，教学永远离不开那些直达认知核心的情境，它的表现形式就是让学生自我表达。课堂教学转型后，就可以让教师主动为学生创造一种自我表达的空间，让学生的思维和活动进入教学过程中，从而将教与学的所有价值直接呈现出来，进而让教学既竭力发挥出作为整体学科逻辑的意义，又作为学生心理整体发展所需要的价值。在此过程中，课堂教学中教授的学科知识，不仅是某个学科的问题，而且是这个学科对于学生来说是什么的问题，从而避免了教师"用成人的意识来代替孩子的意识，不关注孩子的现实"。

（1）拓展了课堂教学对学生心理的意义

从心理学的角度而言，课堂教学理应将学生个体经历的方式或形式上的

事物作为关注的重点，课堂学习本质上而言就是学生个体对世界的感受和思考的一种方式。课堂教学转型后，可以让学生的心理活动与智力活动保持一致，让学生在精神享受中学习知识，从而提升其心理素质，让学习成为一种精神享受。

（2）拓展了课堂教学对学生生活的意义

转型后的课堂教学，不再仅强调新知识对于考分、学业提升的重要性，而是更加注重通过"内在的联结"让学生获得的材料变得"实实在在的有趣和必要"，实现内在和外在的联结。这样的课堂，更加关注学生的生活，让课堂学习成为生活的延续，而不仅仅是让学生安静地坐下来学习那些枯燥的学科课程。在这样的课堂教学形式下，学生的学习是一种生活化的学习，是一种自我主动提升式的学习，是源于生活又归于生活的学习，拓展了课堂教学对学生生活的意义。

（二）课堂教学转型的策略

课堂教学转型的意义如此重大，那么面对时代的发展和教育改革的要求，在核心素养时代，课堂教学要采用怎样的策略进行转型呢？诚如钟启泉教授所说，课堂转型要实现从"灌输中心教学"向"对话中心教学"的转变，要求教师将实践课堂中每一个学生的学习当作责任，要让教师将追求每一个学生学习经验的效率当作责任，要促使教师用对话中心教学帮助改变中学应试竞争的现状，使学生由排斥性学习变为合作性学习，使每一个学生都能获得主动的、生动活泼的发展。具体来说，不妨采用以下策略开展课堂转型。

1.转型从教学内容开始

课堂教学转型要从教学内容开始，是指教师要从"知识讲授"向"问题学习"转变，要真正实现"师者，所以传道受业解惑也"的职责，要让教学内容从教师主动传授的知识，向学生主动去发现问题、动脑思考的教学理念转变，从而在教学内容上，将教给学生善于发现问题、解决问题从而获得知识的方法当作重点，而非一味地直接传授知识。这样的内容转变是培养学生实践能力的重要一步，也是教师教学转型的第一步。

2. 从教学目标和方向开始转变

课堂教学并非引导、帮助学生学习知识和技能，更不是为了让学生学会应试，赢得高分，而是引起、维持、促进学生的学习，让学生更想学、更会学、学得更好，能为未来的发展打下基础，使其成长为能适应现代社会的有较高人文精神和科学素养、体魄健全的人，形成核心素养。因此，课堂教学转型，就要让学科教学在教学目标和方向上，立足帮助学生形成学科的核心素养，发展学生的科学素养和学习能力。

3. 从教学设计转型

课堂教学转型，从教学设计而言，要变课型设计为单元设计，因为单元设计是"教师基于学科素养，思考怎样描绘于一定目标与主题而展开探究活动叙事的活动，目的是创造优质的教学"。它并非单纯地基于知识点传输与技能训练进行教学安排，而是基于学科核心素养的形成与发展进行设计，可以防止教学内容碎片化。同时，以单元设计的方式进行，教师就要分析学生的学习心理、学习基础，从而依据学习规律和教学内容，明确学习目标。

4. 要从教学方法上转变

学生学习是依靠教师的讲授，采用教师讲学生听的教学方法。但实际上，学习是学生凭借个人的经验或借助教师的讲解领悟教材中的文本知识所蕴含的意义，以此建构知识。学生在遇到未知的事物和需要解决的问题时，萌发了学习和探究的欲望，通过假设、预测、想象和资料搜寻、调查、试验、追寻答案，从而有所发现、发明、创造，获得新知识并建构知识。因此，课堂教学转型，就要借助教学方法的改变，改变学生的学习方式，由"单干学习"向"合作学习"转变，使学生从被动接受现成知识转型为主动建构知识，帮助学生将已知世界和未知世界联系起来，从已有知识出发，学习掌握新的知识，从而让课堂成为师生共同开展教学活动的阵地。

5. 从教学过程上转变

在转型后的课堂教学过程中，人从"独白式"变为"对话式"。为此，要从设定开放性课题开始，在整个教学过程中引导学生进行开放式对话，从而得出开放性结论。在此过程中，教师就不是"传授"，而是促进对话的提问，等待学生的表达。在这样的课堂中，学生彼此相互尊重，倾听对方的见解，形成彼此的主张，发现各自的困惑，展开互补的讨论。这种"对话流"可以令学生头脑中的"思考流"外化，让课堂存在多种多样的声音，倾听每一个学生的声音，保障课堂作为"多声"对话的空间，尤其是让那些接受能力稍弱的学生的"声音"被倾听，从而构成深化课堂教学的一种契机。

在这样的教学过程中，师生双方可以倾听并分享"不懂的学生"的声音，这不仅和"不懂的学生"相关，也和"懂的学生"息息相关，从而师生各自发现差异，再次对话教材（课题），矫正旧有的认识，形成新的理解。同时，也让"懂的学生"和"不懂的学生"之间形成一种互惠的关系。

四、课堂教学转型：帮助学生形成学科核心素养

转型中的课堂迸发的教育智慧将是无穷无尽的。革新的教师一定会积蓄丰富的经验与充沛的能量，从多声交响的课堂里"飞出一首首崭新的歌"。因此，课堂教学转型可以在学科教学的过程中，帮助学生形成学科核心素养，进而提升学生的学科素质和综合素养。

（一）课堂教学转型与学科核心素养的关系

要想培养学生的学科核心素养，传统的课堂教学方式必须转型，要打造利于学生学科核心素养形成的外在环境和内在条件，如此一来才能让学科核心素养在课堂教学中逐渐形成。因此，课堂教学转型是学生形成学科核心素养的充分必要条件。

1.学科核心素养的形成需要课堂教学目标的重新定位

传统上，"没有问题的课堂"是一流的课堂，但随着课程改革的进行和人们对学习的认识，这种表面"默契"的课堂却因其丢掉了学生主动创新的灵魂而要转型。当核心素养引领教学后，一些新的课堂形态如游戏、游学等纷纷出现。这些学习方式由于真实、自然、综合化，更加符合核心素养引领下的育人实际，不仅有助于学生在完整情境中完成知识的习得，而且通过鼓励学生运用所学知识解决实际问题，可以实现从已知到未知的飞跃。因此让

学生的学习方式焕发出勃勃生机，让课堂知识学习与社会实践等结合起来，构建以面向真实、富有个性、深度体验等为特征的新型课堂，让学生的学习成为"建构世界"（认知性、文化性实践）、"探索自我"（伦理性、存在性实践）和"结交伙伴"（社会性、政治性实践）的三位一体的实践。这实际上道出了一个转型前后课堂教学的定位和引发的效果。只注重知识的传授，是一种授之以鱼的做法；相反，注重方法的传授，才是授之以渔的做法。因此，学科核心素养的形成需要课堂教学目标的重新定位，让学生的学习从对知识的学习转变为对方法的学习，最终能够主动学习。

2.学科核心素养的培养离不开课堂学习方式的变革

教育的使命是什么？学科核心素养的培养告诉我们，教育不仅要关注用什么培养人，更要关注怎样培养人。因此，核心素养培养下，课堂教学还要关注学生的学习行为，即学科核心素养是通过怎样的课堂教学达成的。因为核心素养是个体在解决复杂现实问题过程中的综合性表现，学业质量指的是学生通过某一学科的课程学习所发生的行为变化，如果没有教学方式的改革和学生的自主学习，再多的精选内容，也只是在培养"知道分子"。教育培养的是适应未来发展需要、有创新精神与实践意识的新一代公民，而人怎样学到知识决定了他在需要的时候怎样去运用这些知识，决定了他今后怎样去参与世界、改造世界。

正是基于这个原因，在学科核心素养培养背景下，课堂教学方式中的怎样教、怎样学与学什么、学到什么程度同等重要。而在某些时候，课堂教学仅仅停留于知识层面，即告诉学生完整的知识系统，却不曾让学生真正体验教育生活，失去了"人"的发展，其原因就在于课堂教学方式没能随着教育理念的变化和社会对人才的需求而转型。因此，从学科核心素养培养的角度而言，课堂教学方式的变化是重要的前提。只有课堂教学将知识当作载体，创设一个包含重要学科内容的学习情境，引发学生自主的学习行为，将知识转化为能力，并帮助学生完成真实情景中的具体任务，才能实现培养学生学科核心素养的目的。

3.学科核心素养的培养需要课堂教学模式的改变

学科核心素养的形成，不仅要让课堂教学中的教学目标重新定位和调整，也不仅是教学内容的选择与变更，它还必须要以课堂教学中学生的学习方式和教学模式的变革为保障。因此，要培养学生的学科核心素养，需要把以知识为本的课堂教学转变为以学科核心素养为本的课堂教学，在大力推进学生改变学习方式的同时，促进教师教学模式的改变。

（二）形成学科核心素养，课堂教学要这样转型

学科核心素养不仅关注用什么培养人，更要关注怎样培养人；对学科核心素养的研究，不应只是在课程内容层面，更应涉及教与学方法的革新。因此形成学科核心素养，课堂教学就要进行如下转型。

1.要改变学生的学习方式

学习方式是指个体在进行学习活动时所表现出的具有偏好性的行为方式与行为特征。不同的学习方式带来的学习效果自然不同。因此形成学科核心素养，课堂教学中就要注意改变学生的学习方式。

（1）要打造基于游戏的学习

在传统的课堂教学中，游戏一直是学习的反义词。但研究证明，游戏与学习的关系非常紧密，它是促进学生发展的重要途径。于学生而言，游戏是他们与世界进行交往的最自然、最自由甚至可以说最有效的方式，学生成长的价值和意义很多时候就蕴藏在游戏之中，尤其是对幼儿园和小学阶段的学生来说。因此，课堂教学转型，就不能将游戏排除在外，要让学生玩儿起来、游戏起来、快乐起来，创造一种充满智慧、耐心和人文关怀的教学。

（2）要打造基于创造的学习

基于创造的学习是人类最自然、最基本的一种学习方式。传统的课堂教学中，学生只需规矩地坐着专心听讲即可，学习主要依靠大脑中的抽象思考和运算，与动手、创造几乎毫无关系。但课堂要转型，就要打造基于创造的学习，因为它是将生活实践与学科知识联系起来，把动手操作和亲身实践融入学科教学中，改造传统的教学方式，让创作、设计、手工、实验成为学生

学习的重要途径，鼓励学生针对现实世界的问题探索创造性的解决方案。

在这样的学习中，学生是知识的创造者，而非消费者，课堂从知识传授的中心转变成以实践应用和创造为中心的场所，在经历了四个阶段的活动后，学生得以体验和提升，形成学科核心素养。第一阶段：准备阶段——学生对自己的创造目标与过程进行初步设计，以开放的头脑去设想问题解决的多种途径。第二阶段：实验阶段——学生通过反复的实验，逐步明确自己进行创造设计的合理性，从最初可能出现的不知所措走向思路的清晰化。第三阶段：原型产品制作阶段——学生在复杂的问题情境中做出判断与选择，在各种变量关系中找到问题解决的可能性，并根据自己的设计创造出原型产品。第四阶段：整合反馈阶段——学生评价、反思、分享自己的作品、提出改进建议等。

（3）要打造基于体验的学习

基于体验的学习就是将真实体验和学习联系起来，鼓励学生关注与课程内容相关的现实世界，让学生走出学校、走进社会，把课堂开到博物馆、科技馆、植物园、农场、车间等。这种教学需要打通正式学习与非正式学习之间的界限，把教学变成一个多边互动、不断生成的动态过程，而非统一的、线性的、可以预测的静态结果。这样的课堂教学，让学生在真实体验中学习、思考并完善自我，构建一种富有生活气息的教学形态，无论是对培养学生的学科核心素养，还是对培养学生健全人格、自我管理、社会责任等核心素养都会产生积极作用。

2. 要在课堂教学中融入现代育人观，落实立体目标

突出学生自主发展要做到课堂教学转型，对每一位学科教师来说，做到眼里有人，是课堂教学成功转型的关键，即教师在进行学科教学时，要树立生本观念，除关注知识在课堂的传播和迁移，还要关注学生的发展。这是一种教育的效益观，强调要让学生在课堂学习中发生改变，在知识增长和能力发展之外，还应该在众多方面发生改变，如兴趣、意志力、思想、情感、方法等。这些方面的改变，是在学科知识之外的，是超学科的，是学科学习的连带改变。同时，课堂教学转型，还要注意将教学目标的重点放在"三维目

标"的落实上，而不是单纯的知识与技能目标。因为学科学习这一学习过程，不仅是知识的学习，也是学习方法和技能的学习，更是人一生健康发展的学习，因此课堂教学转型，还要注意从偏重"知识和能力"转向重视"三维目标"的落实，突出学生的主体作用，让学生从"被动学习"转向"主动学习"。

3. 要让课堂教学突出学科本质特点的同时，联系现实社会生活

学科核心素养形成下的课堂教学，不应局限于学科知识本身，要让教学聚焦学生的学科知识的同时，思考学科的本质属性。学科核心素养的核心，是让学科教学从泛化转向聚焦，从"知识学习"转向"生活应用"。为此，教师要在课堂学习中，让预设的学习活动突破学科知识本身，对学生进行训练导向的教学，使学生不但清楚所学的知识，而且要清楚知识来源于生活，可以解决生活问题，让课堂与生活建立密切的联系。

（三）在课堂教学转型中培养学科核心素养的策略

课堂是一个教育场。在课堂这个特殊教育场里，师生双方作为教育的主体，课程教材作为客体，其中要发生具体关系。其生产的产品，即课堂教学。学科核心素养得以形成，需要在这个特殊场里，由教学主导者——教师以教学变革为抓手，实现课堂教学的转型。为此，教师若想培养学生的学科核心素养，就需要采取相应的教学策略，以实现课堂教学转型。

策略1：用问题推动学科核心素养形成。

教师通过创设情境、提出问题，引导学生积极主动地获取知识，让学生在自主、合作、探究的学习过程中努力去发现问题、提出问题，探索解决问题的途径和方法，让学生真正成为课堂的主体，培养学生的自主思考能力。而要真正实现这一改变，就需要深刻理解人是如何学习的，进而回归学习的本质。

可以说，从以讲授为主的课堂教学转变为以学习为中心的课堂教学，问题化学习是二者之间的桥梁。它让我们看到，一切教学必须以学生学习为主线进行设计，必须让学生真实的学习过程能够发生并且展开。因此，课堂教学要强调问题化学习，以真实的问题形成问题链、问题矩阵，让学生在学习

中，在问题的追寻中，慢慢形成一个知识结构 —— 从低结构到高结构，从本学科的结构到跨学科的结构，从知识到真实的世界。于是在问题化学习的过程中，学生以认知重构的方式去重组问题、重组内容，于是在问题与问题的联系中，在综合地带和边缘地带，进行知识的碰撞，进行知识与知识的联系，进而实现学科核心素养的培养。

【案例】

问题：

一箱苹果加上箱子的质量是 46.6 千克，倒出一半后，苹果加上箱子的质量是 24.3 千克，苹果的质量是多少千克？箱子的质量是多少千克？

教学片段：

①课堂上，请学生认真读题，自己先独立解决。（教师在课堂巡视过程中，发现只有部分优秀学生解答出来了）

②让部分学生说自己的思考过程，发言的学生说得很清楚。

学生：46.6-24.3=22.3（千克），求出半箱苹果的质量。22.3+22.3=44.6（千克），求出一箱苹果的质量。46.6-44.6=2（千克），最后求出箱子的质量。

教师：哪些同学听懂了？你同意他的想法吗？

（许多学生表情茫然，听不懂发言的同学所讲的话。分析原因，许多学生对题中的数量关系并不清楚）

③根据学生的情况，教师没有做讲解、草草结束，而是引导学生画出直观图。

教师：现在哪位同学能说说刚才那位同学的想法是否正确？（学生纷纷举手）

学生 1：从图中可以看出 46.6 千克表示一箱苹果和一个箱子的重量，24.3 千克表示倒了一半后剩下的一半苹果和一个箱子的质量，46.6-24.3=22.3（千克）表示倒出的一半苹果的质量，两个 22.3 相加等于 44.6（千克），就是一箱苹果的质量。46.6 千克表示一箱苹果和一个箱子的质量，减掉 44.6（千克），求出箱子的质量。（学生纷纷鼓掌）

学生 2：老师，我是先求出箱子的质量，再求一箱苹果的质量。从图中可以看出 46.6 千克表示一箱苹果和一个箱子的质量，24.3 千克表示倒了一半后剩下的一半苹果和一个箱子的质量，46.6-24.3=22.3（千克）表示倒出的一半苹果的质量，24.3-22.3=2（千克）表示一个箱子的质量。46.6-2=44.6（千克），求出一箱苹果的质量。

学生 3：老师，我也是先求箱子的质量，再求一箱苹果的质量。但我的方法不一样，从图中可以看出：24.3 千克表示倒了一半后剩下的一半苹果和一个箱子的质量，24.3+24.3=48.6（千克）表示两个一半苹果和两个箱子的质量，也就是一箱苹果和两个箱子的质量，46.6 千克是一箱苹果和一个箱子的质量，48.6-46.6=2（千克），也就是一个箱子的质量。再用 46.6-2=44.6（千克），算出一个箱子苹果的质量。（学生纷纷鼓掌）

在上述案例中，教师在大多数学生不理解时，并没有直接讲解，而是用问题引导学生，促其自主分析，用多种方法解决，并清楚地表达自己的想法，学生数学思维能力得到了训练和提高。这正是问题化教学中对学生学科核心素养的培养。

策略 2：用情境撬动学生的学科核心素养。

情境化教学是教师有目的地引入或创设具有一定情绪色彩的、以形象为主体的生动具体的情境，以引起学生一定的态度体验，从而帮助学生理解教材，并使学生的心理机能得到发展的教学方法。而培养学科核心素养离不开情境化的教学活动，它是重要的途径和方法。

同时，我们必须认识到，问题与情境是紧密相连的，问题往往产生于情境，真实的生活情境在以学科核心素养为本的教学中具有重要价值，倘若学生在学校学到的知识与现实生活无法发生联系，那么这样的课堂教学就是缺失的。所以，情境是培养学科核心素养的途径和方法，是学科核心素养实现的现实基础。学科知识是学科核心素养的媒介和手段，学科知识转化为学科核心素养的重要途径就是情境。如果脱离了情境，学科知识仅剩下符号，学科知识的应用和学科知识蕴含的文化精神就无法谈起。

【案例】

有一块黄铜板，板上插了三根宝石柱，在其中一根宝石柱上，自上而下按由小到大的顺序穿有 64 个金盘。

　　要求将左边柱子上的 64 个金盘按照下面的规则移到右边的柱子上。当 64 个金盘从 a 全部移到 c 时，游戏成功（图 1-1）。

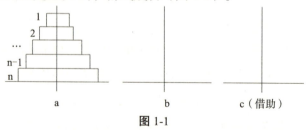

图 1-1

　　移动规则：一次只能移一个盘子；盘子只能在三个柱子上存放；任何时候大盘不能放在小盘上面。若 a_k 记为将 a 上的 k 个金盘按上述规定全部移到 c 上所需要移动的最少次数，求：a_1，a_2，a_3 的值；a_n+1 与 a_n 之间的关系；将左边柱子上的 64 个金盘全部移到右边的柱子上需要移动的最少次数。

　　很多学生在课外玩过汉诺塔游戏，这个问题是学生非常感兴趣的，将它在课堂上运用，可以引发积极的、热烈的讨论。借助这样的游戏情境，可以引发学生的兴趣，集中他们的注意力，让他们在动手操作中开发智力、发展思维。然后通过学生的共同讨论、合作交流，自行发现规律并且总结归纳，让他们主动获得知识和技能。这正是转型后课堂教学中情境化的创设。

　　策略 3：用活动提升学生的学科核心素养。

　　活动化教学是指在课堂教学过程中，建构一些既具有教育性、创造性、实践性，又具有生活性、趣味性的学生主体活动，让学生在活动中学习，在快乐中学习，以提高学生学科核心素养，促进学生整体素质全面发展。

　　为此在课堂教学中，教师要大力倡导和精心设计学科活动，让学生的学科能力和学科核心素养在相应的学科活动中形成和发展起来。而学科活动的目的就是让学生的亲身经历和学科知识联系起来。如在课堂教学中可以用游戏进行教学，如把游戏当作学习情境，利用游戏激发学习动机，像有的老师利用"愤怒的小鸟"这个游戏设计数学课，把复习数学知识变成了游戏活动，取得了不错的效果；可以把游戏当作学习机制，通过类似游戏闯关的方式重新设计教学，从而实现寓教于乐，像现在很多学校设计了积分榜，学生完成某项学习任务便可获得积分，当积分积累到一定数量就可以兑换学习勋章。

策略 4：整合课程让学科核心素养落地。

学科核心素养告诉我们，教育的变革需要从"知晓什么"转变为"能做什么"，是以解决具体的实际问题为导向和目标的，要强调其整合性，而非将学科核心素养加以肢解，形成众多的核心。实际上，核心过多则等同于无核心。因为面对一个具体的生活实际问题或情境仅借助某一个知识点去解决是不可能的或不现实的，而是需要将学科所学的知识加以综合，让更多的知识融合和整合，让我们跳出学科看学科，找到学科知识之间的联结纽带，而这就需要加强学习情境、学习内容、学习方式和学习资源的整合。

将核心素养的培养落实到课堂教学中，借助于学科教学不断强化核心素养的培养，是当前课堂教学重要的核心任务。为此，核心素养导向的课堂教学，自有其突出的特点和独特的机制，这样的课堂当然也对教师提出了相应的要求。

第二节　基于核心素养的课堂教学特点

课堂教学方式直接影响学生核心素养的形成和发展。传统的"满堂灌"的课堂教学方式违背知识内在的逻辑规律，违背学生的认知规律，进而影响学生核心素养的培养。核心素养导向下课堂教学的创新学习方式和教学模式，可促使师生关系发生变化，让课堂教学呈现出以下特点。

一、学生学习氛围浓，参与度高

课堂是学生学习的主阵地，学生的参与度是判断和评价课堂的重要方面。核心素养导向下课堂教学最突出的特点之一，就是在课堂上学生参与度高，学习热情高涨，整个课堂呈现出一种力争上游、积极探究的学习氛围。

（一）参与度及其表现

什么是参与度？在教学中，学生的参与度是指学生在学习过程中知、情、意、行等方面所达到的程度。它是教师与学生通过教育教学活动的相互作用所表现出的结果。学生的参与度主要包括参与的范围、参与的态度、参与的时间、参与的广度、参与的深度、参与的效果等。这些是衡量学生主体地位的重要标志。

例如：在小学英语教学中，教师教授大蛇和小老鼠的故事，就可以先让学生描述看到的故事书封面图片中的内容，学生从图画中看到了大蛇和小老鼠，教师可以顺势引导学生讲述他们脑海中存储的大蛇和小老鼠的故事，接着教师可以让学生观察、触摸蛇和老鼠的道具，在学生面前一边展示道具，一边讲饥饿的大蛇遇到小老鼠的故事，让学生猜一猜故事的结尾是什么。

从中我们可以看到，教师通过让学生看和说，引导其感知和了解，培养学生的观察和分析能力；借助于谈论日常生活中的动物，激发学生调用头脑中已有的知识。同时，在对道具的触摸和情感体验中，敌强我弱形成鲜明对比，为课文中小老鼠智斗大蛇做了很好的铺垫，同时也激发了学生的情绪和内心感应。这正是课堂教学中学生积极参与的表现，而这种高度的参与性，激发了学生学习的主动性和积极性，有利于学生核心素养的培养，体现出核心素养导向下教学的特点，即学生参与度高。

（二）学生参与度对核心素养的影响

课堂教学中学生的主体地位实际上就是通过学生的参与度体现出来的。核心素养导向的课堂，最突出的一个特点就是学生参与度高。原因就在于，学习的过程是学生知识结构自我构建的过程，需要学生将新知识按照自己的理解和逻辑整合到自身的知识框架中。而教师的讲解是按照自己的理解和逻辑的，学生要重新将知识拆解再重新拼装。如同人吸取营养，要先将外来的食物消化吸收，再变成自身机体的一部分。正是因为这个道理，学生的参与度体现了学生学习和发展的主动性，而自主发展是学生重要的核心素养，自主性是人作为主体的根本属性。

二、师生关系和谐，亲和度强

师生关系是校园中最基本的关系，贯穿教育教学的全过程，因此师生关系影响着学生核心素养的培养。传统的课堂教学中，教师在教学过程中处于至高无上的地位，学生完全处于被动地位，成为教师任意塑造的对象，学生的主体地位、个性特点，学生学习过程中的非智力因素等被忽视，结果就培养出听话、服从、毫无个性、缺乏创造性、片面发展的学生，从而未能达到教育的最高目标——培养具有创造精神、自主创造能力的主体，学生核心素养教育也因此缺失。核心素养导向的教学，打破传统模式，大胆地让学生来当主角，尽可能地让出时间来让学生当主角，以调动学生的学习积极性、参与性来发挥学生的主体性。如此一来，不仅有助于充分发挥学生的主体性和创造性，而且可积极推动师生关系和谐发展，创造极强的师生亲和度。

（一）亲和度及其表现

师生关系的好坏体现在师生的"亲和度"的高低，即亲密和谐的程度。课堂的亲和度高，课堂气氛就活跃，学生的学习热情就高，师生的灵感迸发就强烈，学习效果就好，学生的核心素养的培养就能于无形中实现。

语文课教师在教授文言文阅读方法时就可以通过让学生分组讨论，跟学生谈话，了解学生在文言文阅读中存在的普遍性困难。学生最具代表性的问题就是陌生字词不会翻译，但是通过查阅字典、阅读课文注释或者请教老师、同学也能够通读下来。在谈话过程中教师可以引导学生详细介绍自己的学习方法。例如，初读时怎样标注疑难问题，然后通过注释和查阅《古汉语词典》之类辞书通读文章，了解大意后再详细分析课文主旨和具体细节，以及课文的时代背景、人物关系。学生的学习能力、学习方法往往不一样，但是教师通过与学生谈话可以引导学生自己思考总结文言文学习方法，充分肯定成绩优秀学生的同时也要对在学习上存在困难的学生多加鼓励。亲切、幽默、充满亲密感的谈话像温泉一样流入学生心田。师生关系亲近，课堂气氛热烈融洽，亲和度极强。这种师生关系有利于培养学生的社会参与性和人际关系，也有利于学生核心素养的培养。

（二）师生关系亲和度对培养学生核心素养的影响

核心素养是学生终身发展的基石和"护身符"，同时，学生核心素养的形成离不开班级教育，而师生关系是影响学生核心素养形成的关键条件。毋庸置疑，师生关系亲和度首先取决于教师。这是因为，对于学生而言，教师一站到讲台上，就在他们面前展现了两种"教材"：一种是摆在课桌上的书本，另一种就是站在讲台上的老师。书本是文本教材，老师是人本教材。文本教材是死的，它起初让人可敬而不可为；人本教材是活的，它可以让人可亲又可为。学生在上课伊始，读的是人本教材，是人本教材让他们喜欢文本教材。学生对文本教材喜欢的程度完全取决于人本教材的亲和度。

所以，"亲和度"主要体现为一种朋友关系，它和年龄的差异没有绝对的因果关系。这就说明，教师要主动打造创新型师生关系。让师生之间形成一种相互依存、相互促进、相互发展的，以生命来维系、以情感为纽带的关系，注意在教学中对学生进行德行培养，用真诚教育学生做人，用理解与学生进行沟通，用人性化的管理促进学生成长。如此一来，教师主动和学生拉近关系，亲近学生，和学生融为一体，可提升师生的亲和度，打造核心素养导向教学的氛围。

三、课堂自由度大，知识延展度广

在传统的课堂上，学生中规中矩地坐在自己的位置上，除了专注地听课、要回答问题时举手，几乎不能有任何略显自由的举动。这样的课堂如同战场，强调的是课堂纪律严明，要求学生正襟危坐，要求学生不得交头接耳、不得随便讲话。这样的课堂少了学习的轻松，少了合作的欢声笑语，少了对话交流的诙谐幽默，学生在学习上感到疲惫，他们学习的主动性和积极性差，学习的创新性更差。相反，核心素养导向下的课堂教学则充满着自由轻松的气氛，学生积极主动地参与到教学过程中，主动学习，乐于学习，创新的灵感不断出现，课堂不时呈现出小高潮。只要教师操作得当，这种氛围就可以出现在任何一门学科的课堂上。例如：小学语文课文中有一篇课文《左公柳》，讲述的就是清末名臣左宗棠的事迹。他在国力衰微、外敌入侵、国土即将不保，而偏偏满朝群臣不肯出兵的时候，坚持与投降派做斗争，争取到了出兵的机会，他不顾年迈，抱着一死的决心抬棺出征，最后收复国土而且还在新疆栽种了大量柳树，给新疆百姓带来春风。对于这种容易引起学生共鸣的课文，教师可以放松课堂纪律，给学生充分的发言时间，引导学生设身处地体验左宗棠抬棺出征的壮烈场景，查阅左宗棠的各种历史材料，甚至制作课件，并由此进行深入的爱国主义教育。

核心素养导向的每一堂课，均以学生发展核心素养培养的根本为落脚点。如果每一堂课都能依据学生自身的学情，让学生自由成长，那么这样的课堂就是有实在意义的，就是有利于学生核心素养培养的课堂。因此，理想的课堂一定能够在内容整合的基础上不断向知识的深度和广度上延展，从课堂不断向社会生活延伸，为学生进一步探究留下足够的空间。这样的课堂就是学生可以自由成长的课堂，在这样的课堂上，学生可以自由延展，而教学本身也不仅仅囿于简简单单的一堂课，可以在潜移默化中影响学生参与其他校内、校外实践课程，还可以陶冶学生的情操，增强学生的体验及感知能力。

（一）课堂自由度大，知识延展度广，知识的内在魅力得到挖掘

核心素养导向的课堂，之所以课堂自由度大、知识延展度广，主要在于这样的课堂着力发掘知识这一伟大事物的内在魅力。关于此点，诚如法国哲学家埃德加·莫兰（Edgar Morin，以下简称"莫兰"）所提出的"构造得宜的头脑"理论所说，与一个充满知识的头脑相比，一个构造得宜的头脑更为重要。充满知识的头脑具有如下两个主要特征：一是具有提出问题和处理问题的能力，二是具有联系知识和给予知识以意义的组织原则。而这两个特征的形成和培养期就在学生的幼年和青少年时期，需要借助于不断地刺激和唤醒学生的好奇心，进而不断激发和磨砺其探寻知识的禀赋才能做到。同时，莫兰还多次强调，所有事物，包括相距最遥远的、看似毫不相干的事物，恰恰又都相互紧密联系。因此，所谓知识的内在魅力就在于看似无关却紧密联系，部分离不开整体，整体必须由部分构成的错综复杂的关系。而要发掘这种魅力，关键就在于我们在课堂上不断激发与唤醒学生探寻知识的好奇心和勇气，即努力激发和唤醒学生旺盛的求知欲。

（二）课堂自由度大，知识延展度广，让知识、社会生活与师生生命相连

核心素养导向的课堂，课堂自由度大、知识延展度广还表现在这样的课堂可以将知识、社会生活与师生联系在一起，让师生产生深刻的共鸣。诚如叶澜教授所说，课堂教学蕴含着巨大的生命活力，只有师生的活力在课堂教学中得到有效发挥，才能真正有助于学生的培养和教师的成长，课堂中才有真正的学习生活。所以，核心素养导向下的课堂教学改变了从前课堂中屡见不鲜的"见书不见人"的状况，师生努力展开"三重对话"，即人与知识（教材、文本）的对话、人与他者（教师、学生及其他相关者）的对话、人与自我的对话（反思性的、历史性的、生长性的）。于是在对话过程中实现人与知识、人与他者、人与自我的共鸣的同时，课堂与社会生活息息相关，课堂与人类命运息息相关。

四、学习练习度高，教学整合度强

理想的课堂不在于它的有条不紊、稳步推进，也不在于它的流畅顺达、水到渠成，而在于它是否真正让学生在课堂上动脑、动手、动口去练习，去实践，进而让学生通过观察、模仿、体验，在多重活动和多元互动中学习。

在物理、化学这类实践学习比例较大的课程中，学习练习度高的特点更容易体现出来。物理教师在进行"大气压强"这节课教学的时候，可以通过在实验中设计教学片段，让学生通过实践验证大气压的存在。

在课堂导入环节中，学生自己动手操作"在大试管中上升的小试管"，学生亲眼看到小试管在大试管中上升时会特别兴奋，一下子就对实验和教学产生了浓厚兴趣。实验继续下去，小试管上升到了大试管顶部就只能停止下来，教师可以继续引导学生自己想办法从大试管中取出小试管，充分激发学生的动手兴趣和思考能力。学生会发现当两支试管向下一起放到水里，小试管就会由于重力慢慢地从大试管中滑落出来。这一步骤也就证实了大气压强的存在，让学生亲眼看到。教师借此机会可以继续引导学生在各个方向验证大气压强的存在，学生经过两次实践，已经充分熟练掌握实验技巧，很快就

总结出了"大气在各个方向都有压强"。最后在总结延伸环节，教师可以通过实验项目引导学生思考，当教师把矿泉水瓶盖拧好时，水不会流出。拧开瓶盖，水就会从瓶子底部和四周流出来，这其中就蕴含着大气压强的作用，由于大气压强在各个方向都有存在，当矿泉水瓶盖子盖好时，外面的大气压强大于瓶内的液体压强，水不会流出来。拧开瓶盖以后，水的上方的大气压强与瓶外的大气压强相互抵消了，由于液体的压强作用，水就会从底部和侧壁流出来。在实验课即将结束的时候，教师还可以利用学生的学习热情，引导学生思考大气压强在生活中的各种应用，由于学生已经亲身体验了大气压强的存在，打开了思维，就可以顺利地联想到生活中的种种实例。

核心素养导向的教学具有学习练习度高、教学整合度强的特点。教师立足核心素养的培养目标和课标要求，本着以学生终身发展为本，提高全体学生科学素养的目的，借助于实验，让学生进行科学探究，为每个学生的学习与发展提供平等的机会，而且从中关注到学生的个体差异，使每个学生学习科学的潜能都得到发展，而这正是核心素养导向教学的特点。

（一）多方选择，多角度入手，提升练习的深度和广度，照顾到不同层次的学生

课堂练习是课堂教学的重要组成部分，是培养学生核心素养的载体。核心素养导向下的教学中，教师在练习的设置上，更多地关注练习的深度和广度，而不是数量。在练习的深度上，考虑到不同层次学生的差异，教师通过灵活多变的形式，让不同层次的学生均能发挥个人所长，均能得到提升，从而培养其自信心，达到培养和提升学生核心素养的目的。

在核心素养导向下，数学的课堂练习可以这样设计，如在基本练习环节，教师举出的例题是"利用平行四边形的面积公式计算学校花坛的面积"。在学生计算过程中，教师可以要求学生先写出平行四边形的面积公式，复习计算平行四边形面积的方法，体会公式中字母所蕴含的数学内涵。在接下来的巩固练习阶段，学生在教师指导下开始根据图形特点和细化的计算要求展开基础训练，当题目有所变化时，学生应注意平行四边形面积计算的关键所在，

就是平行四边形的底和高要明确。当明确了这一点后，教师就可以进行强化训练。强化训练阶段，教师就可以进一步简化条件，通过表格的形式直接进行平行四边形面积计算练习，可以通过给出平行四边形的面积和高来求底，或者已知平行四边形的面积和底来求高。这种方式是对公式进行逆向推理，教师引导学生采用各种列方程求解的方式和乘除互逆关系来求解，以此来培养学生思维的灵活性、分散性。当学生可以熟练运用变形的公式时，教师可以继续提高问题难度，如给出平行四边形的面积，让学生分别设想底和高可能是多少。这种问题的答案不是唯一的，教师希望学生在已知平行四边形面积不变的情况下，思考决定其面积的两个关键因素，即底和高的乘积关系，找出解决问题的多种途径。在学生已经充分掌握公式的情况下，教师可以考虑进一步开展拓展训练，如给出 3 个平行四边形面积，要求学生尽可能多地画出与之相等面积的平行四边形。这样，学生进一步发现，同底等高或等底等高这样的平行四边形，它们的面积相等，把握了最基本的推理依据。同时让学生进一步巩固所学知识，开拓学生的思路，培养学生的思维能力。

这是一节核心素养导向下数学课堂的练习设计。从中可以看出，任课老师在练习的设计上，层次逐步由简到难，根据各种不同层次学生的特点进行不同层次的练习。这样的设计，既调动了学困生学习的积极性，又让那些学有余力的学生"吃得饱、吃得好"；有利于因材施教，充分体现新课标的要求，充分考虑到了对不同层次学生的核心素养的培养。

（二）科学处理，巧妙整合，提升学生综合素养的培养

理想的课堂切忌做过度烦琐的分析，把原本完整的一个整体肢解零碎。相反，理想的课堂更强调教师对教材和教学内容进行有机整合。因此，核心素养导向下的课堂教学的特点还体现在教师对教材的科学处理、巧妙整合，进而在提升学生练习广度的同时提升学生的核心素养。

教师在进行教学时应根据培养目标尽量把教学内容根据能力模块进行整合，语文教师在进行新闻类文章教学时，可以根据核心素养的内容分析出"语言建构与运用"和"思维发展与提升"两个能力模块，其中关键是"语言建

构与运用"。因此，语文教师可以将该系列文章进行整合，根据能力模块合并教学。例如，《我三十万大军胜利南渡长江》《人民解放军百万大军横渡长江》《首届诺贝尔奖颁发》三篇课文都属于新闻中的消息。教师介绍了消息的模式结构，明确消息的必备成分后，就可以通过自主学习从给出的三篇文章里找出消息的五个结构。并分析标题的特点和作用。在对三篇文章的对比中，学生会发现并不是每篇消息都必须具备五个结构。这样，学生就可以进一步认识到有些消息的五个结构是必须存在的，有些则根据情况可以进行删减。标题、导语、主体必不可少，而背景和结语可有可无。

再如，《首届诺贝尔奖颁发》是一篇新闻特写，教师可以通过这篇文章的学习，引导学生认识新闻的"倒金字塔"结构。而《"飞天"凌空》这篇文章中特意抓住吕伟跳水比赛的一瞬间，详细描写了吕伟跳水的"站姿""起飞""飞转""入水"四个一气呵成的动作，好像电视里的慢镜头回放。特写里还描写了现场观众和记者在观看时的激动状态。对这篇新闻的分析可以引导学生理解新闻特写的特征。再与前面学习的三则消息进行比较，很快就可以让学生了解消息与新闻特写的不同。

在前面几篇消息与新闻特写学习的基础上，学生可以很容易理解通讯这种新闻文体。报道我国航母舰载战斗机成功着舰经过的通讯名称是《一着惊海天》，文中详细介绍了航母舰载战斗机起飞和着舰的全过程，记录了现场人们欢呼雀跃的场面。教师通过前面的教学已经给学生一步步打下了"语言建构与运用"的基础，可以顺利引导学生分析通讯的特点，并与前两种文体进行比较。

正是借助于关联思维、系统思维、宏观思维，教师对都属于新闻文体的五篇文本进行新的整合，让学生把五篇文本联系在一起来进行阅读理解和分析，引导学生学会在比较和甄别中生成有关消息、新闻特写、新闻通讯，并找到它们的共同点和差异点，从而建构起属于自己的撰写消息、新闻特写、新闻通讯的知识和能力。可以说，这样的教学正是核心素养教学的特点，即并非在单篇文本教学后进行总结，而是在教学过程中始终把单元文本作为一个整体来教学，随时寻找同一单元不同文本之间的联系。这样的教材整合，实际上是在教学中对教材的二次开发，是对教材文本的重新取舍和规整。如此一来就可以避免教学的碎片化，提升教学的系统性和整体性，突破教学重点和难点，不但可以减少课时，而且有助于达到提高教学效率、培养学生核心素养的目的。

第三节　基于核心素养的课堂教学机制

任何目标的实现都需要一定的前提条件，学生核心素养的培养也是如此。核心素养的培养要在学科核心素养培养的前提下完成。因此，建立科学的教学机制，是保证核心素养培养的前提。在核心素养导向下，课堂要通过以下教学机制确保对学生核心素养的培养。

一、从学科知识入手，为学科核心素养的形成提供载体

学生核心素养的形成，学科知识与学科活动是两个重要的条件。其中，学科知识默默地承担着培养学生学科核心素养的任务。作为学科核心素养形成的载体，学科知识以其特有的功能影响着学生核心素养的形成。那么，学科知识具备怎样的功能？核心素养导向下的教学要如何从学科知识入手，使之成为学生核心素养形成的载体呢？

（一）学科知识的功能

余文森老师在其作品《核心素养导向下的课堂教学》中说："学科知识具有独特的价值与意义。"这说的就是学科知识的功能。具体来说，这些功能体现在以下几个方面。

1. 学科认知功能

所谓学科认知功能，是指人脑加工、储存和提取信息的能力，也就是人们对把握事物的构成、性能、与其他事物的关系、发展动力、发展方向及其基本规律等的能力。从学生发展的角度而言，只有借助于知识这面镜子，学生才能认识和理解客观世界。在此过程中，由于每个人对问题思考的层次和

角度不同，自然也就会得到不同的答案。这就提醒我们，在学科知识的学习中，要注意结合学科特点，引导学生形成观察和思考问题的独特的学科视角，从而在观察问题、分析问题和解决问题上形成其学科素养。

2. 生活导向功能

大家知道，相当多的学科知识是来源于生活的，比如牛顿是从苹果落地想到了万有引力，因此就学科知识的本质而言，其来源于生活，又引导着生活，即一个人只有借助于科学知识并经过教育，才能更理解生活、感受生活、创造生活。因此从这一意义而言，学生学习学科知识，就是在丰富的生活世界里运用已有的知识引领、提升和指导生活。

3. 情趣激发和审美涵养功能

事实上，任何学科都是美丽的，重要的是人们能发现学科的美丽之处。而要发现学科的美丽之处，就需要人们有发现美的眼睛和感受美的心灵。因而学科知识就可以让人们在学习的过程中发现其中的乐趣，进而感受到其中的美，并在运用学科知识的过程中继续丰富自己的审美。

4. 思维和智慧启迪功能

在学科知识学习过程中，学生的思维得到启迪、智慧得到提升，这一点可以从学生的成长过程得到印证。由于各学科的研究对象和概念本质不同，其自身所需的思维方式和表达方式也不同，这就如同文科生和理科生的思维不同、男人与女人的思维不同一样，因此不同学科的学习就起到了思维和智慧相互启迪的作用。

（二）学科知识的教学机制

明确了学科知识的功能，那么核心素养导向学科知识的学习，应该在怎样的机制下才能发挥其对学生核心素养培养的作用呢？教师要在教学时，紧扣学科大概念、学科结构、学科本质和学科情境进行教学。

1. 突出学科大概念

何为大概念？大概念是源自西方的术语，它高度形式化，具备认识论与方法论意义，普适性极强，蕴含深刻思想，其对发挥革新理念、活跃学术、推动理论变革与进步等有重要作用，它就是"范式""元""主义""域""场""型"等概念。这一术语的引用，促成了教育学发生认识论的变革，启发了人们关于教育的人文理解，推动教育学实现了超越"科学""人文"隔阂状态的交融互利。

就其本质而言，学科知识的大概念，是指学科的思维方式、学科的活动核心、学科的精华与灵魂，它是最能转化为素养的知识。因此在教学时，教师要紧扣大概念展开教学，在教学内容的选择上突出大概念，从而使得教学内容以"少而精"的原则，实现学生的精细化学习，进而促成学生知识素养的转变。

2. 清楚学科结构

杰罗姆·布鲁纳（Jerome Bruner，以下简称"布鲁纳"）运用结构主义的方法论原理，借鉴其认知心理学研究成果，提出学科基本结构理论。他围绕"教什么""什么时候教""怎么教"这几个问题，系统阐述了其有关学科基本结构的基本观点。布鲁纳认为，教学的任务就是使每个学生掌握基本的知识并获得智力的最大发展。他认为教育最一般的目标就是不仅要教育成绩优良的学生，而且要帮助每个学生都获得最好的智力发展。他还强调，教学既要有尝试向优秀学生挑战的计划，同时也不要"破坏那些很不幸运的学生的信心和学习意志"。为此，教师除了尽可能使学生牢固地掌握学科内容，还应尽可能使学生在结束正规的学校教育以后独立地向前迈进。这实际上道出了核心素养培养的本质，即立足学科结构，借助于学科教学，渗透对学生核心素养的培养。而要做到这一点，前提就是教师要有大概念观，具备教材整合能力，能运用整体化策略发现知识之间的联系，在教学中做到学科内知识间的相互融会贯通、学科间知识的相互渗透与支撑、学科知识与学生生活经验的和谐结合、学科知识学习与学科核心素养形成的有机统一。

3. 把握学科本质

关于学科本质的内涵，余文森老师在其作品《核心素养导向下的课堂教学》中说，学科本质的教学内容可以识别为包含价值与精神（内层）、方法与思想（中层）、问题与概念（外层）三重结构。问题与概念就是学科的研究对象和基本问题，学科核心概念与范畴、方法与思想就是学科思维和基本的思想方法，价值与精神就是学科独特的育人价值和功能。

在学科教学中，学生学习知识的本质在于知识的运用，这验证了学科的本质就是学习的本质，即学以致用。因此在核心素养导向下的教学中，教师要坚持以学为中心，教学的出发点和着力点要从关注教师如何"教"转变为关注学生如何"学"，让学生走到前台，教师适当后退。学生在经历、质疑、修正后达成共识。

4. 创设学科情境

情境学习理论认为，学习不仅是一个个体性意义建构的心理过程，更是一个社会性、实践性的，以差异资源为中介的参与过程。知识的意义连同学生自身的意识与角色，都是在学生和学习情境的互动、学生之间互动的过程中生成的，因此学习情境的创设就应致力于让学生的身份和角色意识、完整的生活经验，以及认知性任务重新回归到真实、融合的状态，由此解决传统学校学习的去自我、去情境的顽疾。这一理论设想告诉我们，学习的本质就是对话，学生在学习过程中所经历的就是广泛的社会协商，而学习的快乐就是"走向对话"。

由上述分析回顾核心素养导向下的教学，教师要在学科教学中，科学地创设教学情境，让学生在情境中找到自身知识结构与学科知识的连接点，进而化知识的学习为知识的运用，化学科学习为知识的学习、能力的提升。而这正是核心素养培养的目标。

教师为了激发学生的学习兴趣，联系学生生活经验，创设学习情境，从而激发学生学习新课的兴趣，提升学生学习的内驱力，进而培养学生的学习精神。在教学过程中，老师为学生创设问题情境，为下面的练习找到情感基调，如此一来，学生完成练习就顺理成章。这是情感的自然流露，这是学习与生活的结合，这是对学生审美能力的培养。这一切就是核心素养培养的本质。

二、借助学科活动，寻找学科核心素养培养的途径

学科知识是学生学科核心素养形成的主要载体，那么学科活动则是学科核心素养形成的主要途径。这是因为能力只有在需要能力的活动中才能得到

培养，素养也只有在需要素养的活动中才能形成。而在核心素养导向下的课堂教学中，学科活动有自身的教学机制。

（一）学科活动的功能

教学是师生的双边活动，课堂教学就是教师的教和学生的学的活动。因此从这一特点来看，学科教学的本质就是学科活动。而在这一活动中，学的活动是根本。正是在学的过程中，学生才能学到知识、形成能力，如同幼儿要先试着爬才能慢慢掌握行走的本领一样。倘若不经过亲身体验，学生是不可能从根本上形成能力的。

（二）学科活动的教学机制

学科知识的教学机制强调立足于大概念，学科活动的教学机制则注重体现学科活动的特点，而这些特点正是学科活动所体现的教学机制。

1.注重实践性

所谓实践性，就是学科活动要在重视书本知识的同时，更重视学生直接经验的获得。因此学科活动要在设计和选择上让学生直接参与，调动起学生的身心，使之在体验中学习，在游戏中学习，在探究中学习，在生活中学习，在各种亲自操作和实践活动中学习。如此一来，当学生成为学习的主体，用自己的脑子思考，用自己的双眼看，用自己的双耳听，用自己的双手做的时候，他们就能获得最直接的身心体验，不但能理解知识，更能激发生命活力，获得成长的动力。这正是核心素养培养的要义。

2.强调思维性

学科活动的核心就是学科思维，可以说它就是一种学科学习的思维过程，是学科特有的理解问题和分析问题的思维方式。无论是语文的阅读，还是物理的实验操作，学生在阅读和操作的过程中都要动脑思考，都要在思考的过程中真正理解和掌握学科知识，并将这些知识转化为自己的智慧。因此，学科学习的过程、学科活动的过程就是思考的过程，是一个发现问题、分析问题和解决问题的过程。在这一过程中，学生产生疑问，遇到困难，进而面对问题和困难不断思考解决的方法，进而将自己的聪明才智、独特个性和创造成果的过程展示出来。所以，学科活动的教学机制就要体现思维性，活动的设计要体现学科的性质和特点，要让学生的思维动起来，促进学生探索和思考。

3. 突出自主性

所谓自主性，就是充分发挥学生的主动性，让其在学科活动中主动活动，而不是因教师的要求而活动。这种自主性体现在学科活动的主动性、完整性和独立性。这就要求进行核心素养导向下教学的教师在设计和组织学科活动的过程中，充分利用学生好动的天性，善于将这种天性转化为理性的、持之以恒的学习热情和学习行为。为此，教师在学科活动的设计上要注意活动的完整性和整体性，要让学生经历从感性到理性、从现象到本质、从猜测到验证的过程，经历从片面到全面、由浅入深、从易到难的过程。

当然，在此过程中，教师要尊重学生的个体独立性，要让一切学习基于学生自身的独立活动，而不能包办代替。简言之，学科活动，无论是活动的过程，还是活动的设计、组织，以及活动的总结、评价，都要让学生成为主角、主体。

三、发挥学科教师的能力，为学科核心素养形成创造条件

无论是学科知识的学习，还是学科活动的设计和组织，虽然都是以学生为主体，体现学生的自主性，但是倘若学科教师不存在，那么学生学科核心素养的形成就缺少了主要的条件。因此，核心素养导向下的教学机制中，学科教师承担着重要的作用，即教师是学科核心素养形成的主要条件。而这种重要的作用，就表现为教师要从知识教学走向素养教学，要从知识型教师转变为素养型教师。为此，教师要表现出以下核心素养。

（一）学科素养

教学是师生的双边活动，教学活动是师生合奏的乐章，教学质量的高低与师生双方的潜能、智力和责任心及积极性都密切相关。尽管教师只是学生发展的外因和条件，但却是居于主导性的（甚至决定性的）外因和条件。因此孔子才说："记问之学，不足以为人师。"教师只有自己拥有更多，才能

给予学生更多，引导学生探索更多。而在学科教学中，教师就要表现出核心素养中的学科素养，以自己对所教学科和内容的热爱感染和影响学生，唤起学生对学科学习的热爱，促使其主动投入学科知识的学习之中。当然，在此过程中，教师也能体验到学科教学的意义、价值，感受到学科教学的激动和欢乐。当然，学科素养不仅包括本学科的知识和文化，也包括学科之外或潜隐于学科知识之中的学科文化、学科精神、学科观念、学科思想和学科方法。

为此，教师在核心素养导向的课堂教学中，要注意深入且独立钻研教材、分析教材，深入挖掘教材的内涵，从而让教学达到深入浅出的境地，形成自己独特的教学风格，以专业和广博的知识影响学生，进而给学生留下深刻的印象，创设出富有生机的课堂，从而为学生核心素养的培养创设条件。

（二）教育素养

在核心素养导向下的课堂教学中，教师除了要以自己的学科素养影响学生，还要以自己的教育素养影响学生。教师的这种教育素养也是其核心素养的组成部分，同样对学生核心素养的形成产生巨大的影响。这种影响体现在：一是教师对学生的尊重，尊重学生的个性与潜能，尊重学生的学习规律，不以个人意志强行要求学生，体现了对生命的敬畏；二是教师对学生的信任，相信学生的潜能，相信学生如同一座休眠的火山，一旦得到合适的机会就会焕发出生机和活力；三是教师对学生的爱与保护，保护学生独立的学习能力，不越俎代庖，在意识到自己的责任的同时，更注意开发学生的责任意识。

核心素养导向下的课堂，让我们真切地感受到了教师的能力和素养，具备这样高的素养的教师，又何愁培养不出高素养的学生呢？总之，教师的教育素养也是一种教育方法，是一种教育智慧，是一种教学灵感，更是一种无声的教育。教育素养高的教师会启发学生独立思考，发挥主动性，让自己的课堂成为学生的天地，展示他们的才华，引导学生向着知识的更深处探寻。

四、科学运用学科评价，为学科核心素养形成提供保障

学科教师的核心素养会影响学科教学，也会影响学生核心素养的形成。

而学科教师运用的学科评价手段，同样也对学生核心素养的形成有着重要影响。而教师科学地运用学科评价机制，则可为学科核心素养的形成提供保障。

（一）核心素养导向下学科评价的意义

学科评价在传统的教学中，其最根本的体现就是学科考试，它不但决定着教师对学生的评价，也决定着教师教学的方向。但在核心素养导向下的教学中，学科评价是以核心素养为导向的，而非简单的考试分数。因此，核心素养导向下的教学，整合过程性评价与终结性评价，建立起促进学生核心素养发展的评价体系。教师在核心素养导向下的课堂上，充分发挥与强化过程性评价的反馈与纠正功能，将它用来诊断教学、改进教学、服务教学，使之服务于学生的学与教师的教，以及学生学科核心素养的形成，而非让其干扰学生的学，绑架教师的教。

（二）核心素养导向下学科评价的方式

核心素养导向下的教学中，教师对学生的评价是立足于以核心素养为本位的学业质量观的评价。这种评价将关注的重心放在学生对于复杂的、具有不确定性的学科问题的解决能力上，放在学生个人对知识的建构、解读和感悟上，放在学生的学习方法和学习习惯上。具体来说，这种评价在教学情境和问题设计上体现出以下特点。

1. 创设情境进行评价

无数研究表明，之所以出现相当多的高分低能学生，是因为学生掌握的来自书本上的知识，不能与生活相结合，不能服务于生活，不能迁移到现实生活中。因此，应创设复杂、具有开放性的真实生活情境，借助于情境的创设，培养学生的学科核心素养。而这就要求教师在练习的设计、教学的导入和问题背景的设计上，注意创新情境、联系生活，从而达到借情境对学生进行评价的目的。

2. 创新问题，巧妙引导

问题不仅是素养形成的载体，也是素养测评的载体。教师要认识到从解决问题可以看出一个人的思维能力。因此，核心素养导向下的评价的另一个重要机制就是教师要善于创设问题、巧妙引导，借问题对学生的核心素养进行评价。为此，教师在设计问题时，要注意体现灵活性和学科本质，注意开放性，从而让学生可以发挥个性，体现学生对学科知识和思想、学科精神和文化的领悟和理解。

教师在数学课上讲授"用字母表示数字"时，可以创设一个情境，教师制作视频，首先显示一只青蛙，配以旁白："一只青蛙一张嘴，两只眼睛四条腿，扑通一声跳下水。"其次跳出两只青蛙，配以旁白："两只青蛙两张嘴，四只眼睛八条腿，扑通两声跳下水。"教师引导学生顺着说下去，学生立刻进入了游戏的高潮，在这时教师可以向学生提出疑问，能不能用一种方式来概括游戏的全部内容。学生自然会想到用字母表示。

教师正是借助于问题情境的创设，借助于问题的提出，对学生进行了数学能力的科学评价。而学生用自己发现的方法获得了新知识，不仅体验了学习的乐趣，同时培养了运用学科知识解决实际问题的能力，这正是核心素养导向下评价的体现。

第四节　基于核心素养的课堂教学要求

明确了核心素养导向下的教学特点和教学机制，就为教师在核心素养导向下进行课堂教学提供了先决条件，也使教师明确了教学的方法。但同时，要确保学科教学与核心素养的培养融合起来，还需要教师明确核心素养导向下的教学要求。

一、明晰核心素养与三维目标的关系

核心素养是对三维目标的传承和超越，这种传承更多地体现在内涵上，这种超越则更多地体现在性质上。作为核心素养主要构成要素的必备品格和关键能力，事实上就是对三维目标的提炼和整合，是将三维目标中的知识、技能和过程、方法提炼为能力，把情感、态度与价值观提炼为品格，品格和能力形成就代表着三维目标的有机统一。因此，核心素养导向下的教学要体现学科教学与核心素养培养的融合，教师就要清楚核心素养与三维目标的关系。

（一）素养弥补了三维目标在教育本质上的不足

三维目标是由外在走向内在的中间环节，三维目标里面既有外在的东西又有内在的东西。相对于"双基"，三维目标的理论比较全面和深入，但三维目标依然有不足之处，其一是缺乏对教育本质（内在性、人本性、整体性和终极性）的关注，其二是缺乏对人的发展内涵（特别是关键的素质要求）进行清晰的描述和科学的界定。而核心素养更多地关注教育的本质——培养什么样的人，因此它弥补了三维目标在此方面的不足，让教师在进行知识传授的同时，注意学生学科素养的培养，进而达到学科教学与核心素养相结合的教育目的。

（二）三维目标是核心素养形成的要素和路径

核心素养来自三维目标又高于三维目标。就其形成机制而言，核心素养来自三维目标，是三维目标的进一步提炼与整合，是通过系统的学科学习之后而获得的；就其表现形态而言，学科核心素养又高于三维目标，是个体在知识经济、信息化时代，面对复杂的、不确定的情境时，综合应用学科知识、观念与方法解决现实问题所表现出来的关键能力与必备品格。由此可见，三维目标不是教学的终极目标，而能力和品格（核心素养）才是。

事实上，知识的传授一直是学校教育活动开展的支点，它与教学活动息息相关，它是教学活动赖以进行的支柱。失去了知识的传授，教学活动就失去了其存在的根基。从这个角度来说，教学活动和知识传授是密不可分的。因此，教学活动要长期进行，让学生获得成长和发展，就一定要存在知识的传授。然而，人的发展需求绝不仅仅是知识的需求，诚如生命的存在不仅要有粮食，还要有水一样。因此，教学的根本目的和人的发展的核心内涵就构成了人的发展，即素养提升的内容。简言之，教学活动就成了基于知识，通过知识的学习来提升人的素养的一种活动。

正是由于核心素养与三维目标存在着这样的关系，教师只有明确了二者之间的关系，才能更深入地明确教学的根本目的，也更深切地理解学生学习和教师教学的根本宗旨，才能让核心素养的培养在学科教学中贯彻下去。

二、重建核心素养导向下的教学观

明确了三维目标与核心素养的关系，仅仅是让教师清楚了自己为什么教，而要想将学科教学与三维目标融合起来，创造核心素养导向下的教学，还需要教师明确怎样教的问题。而这就要求教师重建核心素养导向下的教学观。

（一）树立"立德树人""以生为本"的教学观

何为立德树人？就是指教师在面对活生生的教育对象——学生时，要明确学科教学的重点在于人，要让教学为学生服务，要服从和服务于学生的个性自由和健康发展。而学生个性自由和健康发展的一个首要的前提就是具备良好的道德品质。而培养学生良好的道德品质正是核心素养导向下教学的重要内容。因此，教师要做好核心素养导向下的教学，就要注意立德树人。何为"以生为本"？就是指教师在教学中关注学生，以学生的发展为根本进行教学，并认识到每个学生的潜能与素质、个性与兴趣、知识与能力等都不同，在鼓励学生学好学科内容的同时，学会等待那些学得慢的学生。

教师要树立"立德树人""以生为本"的教学观，就要做到以下几点。

1.明确在教学过程中，知识的传授和能力的培养与成绩的提高固然重要，但这一切必须服从于学生的健康和幸福

健康不仅仅是指身体的健康，还包括心灵的健康，即拥有良好的道德品质。因此，于教师而言，在教学中培养学生的道德品质是和知识传授同等重要的内容。所以，教师就要在了解学生的基础上，尊重和宽容学生，认识到学生的潜能和素质不同、个性和兴趣不同、知识和能力的基础也不同。为人师者在鼓励或要求每个学生学好知识的同时，要对其予以尊重和爱护。

2. 理解学生发展的顶层设计就是核心素养，它是学科实现"立德树人"根本任务的价值所在

教师的首要任务就是研究学生，真正的教学是教人，而不是教书。各门学科的性质、任务均有所不同，但在育人的使命和任务上是相同的。对教师而言，至关重要的是学会尊重和宽容。在此基础上，教师要理解学科核心素养的要素与内涵，并融入个人的教学特长与教学风格，再将这些学科核心素养融入学科的学习内容与教学过程。

3. 理解何为学科核心素养，明确实施核心素养教育的本质意义

唯有教师具有自觉将学科核心素养融入教学的意识，研究和把控学生，形成自己独特的教学智慧，方能具备实施基于核心素养的课堂教学能力，才能真正落实新课标精神。

4. 明确学情分析是开展教学活动的前提，也是最重要的环节

学情分析主要包括对学生学习起点状态、潜在状态的分析。对学生起点状态的分析可以从三个维度展开：知识维度，指学生的认知基础；技能维度，指学生已有的学习能力；素质维度，指学生的学习习惯。对学生潜在状态的分析，主要指研究学生可能发生的状况与可能的发展，主要说明学生已有的知识基础、认知结构，学生的情感和发展需要；学生在知识与技能、过程与方法，以及情感、态度与价值观方面都能达到什么程度，达到什么状态；学生的学习习惯是怎样的，适宜采用何种学习方法完成学习任务；学生在课堂教学动态中，可能会生成哪些资源，比如学生对某一问题可能会怎样反应、教师应如何应对等。

（二）树立"学科本质"的教学观

核心素养导向下的学科课堂教学的前提，还在于教师要树立"学科本质"的教学观，了解和掌握进行基于核心素养的课堂教学的方法，清楚学科的本质，梳理学科核心素养与学科本质之间的关系，以及学科核心素养导向下的教学如何彰显学科教学的独特育人价值，从"学科教学"转向"学科教育"。

1.教师要明确，核心素养的着眼点并非各学科的任务分解，而是整体的学生应具备的适应终身发展和社会发展需要的必备品格和关键能力

教师在课堂上要积极捕捉、发现、利用学生的经验、感受、创意、见解、问题、困惑，使之成为教学过程的生长点；要注重开发和利用身边的资源，安排学生进行课外实践活动，引导学生将书本知识转化为实践能力；要广泛利用校内外场馆资源——学校图书馆、实验室、课程基地、运动场，以及校外科技馆、博物馆、农业科技园等；要鼓励学生有效利用互联网，丰富自己的学习经验，把教学内容从书本引向五彩缤纷的生活。

2.教师只有树立"学科本质"的教学观，才能明确学科本质，即核心素养导向下的教学育人价值

教师要能借助于多种教学方法，引导学生进行调查、讨论和探究，要在学科教学中培养学生的学科兴趣，为其将来的发展奠定基础。

3.教师只有树立"学科本质"的教学观，才能明确"解决问题"是学习的本质

教师在课堂教学中落实核心素养的培养时，要灵活选择和变更课堂教学内容，要及时变革教学方式和教学模式。要真正实现这一改变，就需要教师回归到学习的本质，认识到无论是社会的发展还是个体的进步，都是在不断发现新问题中解决问题，又在解决问题、发现新的问题中前行的。因此，教师才能回归对问题的探求，并在这个过程中找回自己应有的智慧，才能让课堂教学从以讲授为中心转变为以学习为中心，也才能让所有的教学完全以学生学习为主线去设计，从而让学生真实的学习过程能够发生并展开。

总之，观念是行动的指南，核心素养导向下的课堂教学一定要从课堂观念的转变、更新开始。教师只有树立了核心素养导向下的教学观，才能在核心素养导向下上好每一节课，才能让学生的学科核心素养在课堂教学中得到培养。

第二章 基于核心素养的课堂教学过程

在学科教学中要落实核心素养的培养任务，就需要教师在教学过程中将教学过程与核心素养的培养目标巧妙对接，如此方能让学生在教学过程中质疑和探索、体验和收获，进而获得直接经验和间接经验，得以提升核心素养。因此，在核心素养导向下科学安排教学过程，对于落实核心素养培养意义重大。

第一节 基于核心素养的教学过程安排要求

教学过程即上课。在核心素养导向下，当教师做了充分准备之后，就要将准备好的东西传授给学生，而这时就要看教师的教学过程如何。因此，上好一堂课不仅是事关学生获得知识效果的一个重要环节，也是实施核心素养培养的一个重要环节，教师教得好坏直接关系到学生学习好坏。所以教学过程是一个既复杂又简单的过程。说其简单，是因为其仅仅是导入、展开、反馈、结束等基本环节；说其复杂，是因为其又是一个多种因素综合在一起的活动，比如教师在上课时的安排、和学生的互动交流、对课堂的把握、对知识的运用等，都是相当不容易的事情。因此，在核心素养导向下，教师要想上好一节课，就要将诸多因素充分、全面、较好地发挥出来，如此才能教得舒心，学生也才能学有所成，其核心素养才能得到培养。为此，在核心素养导向下，教学过程就要围绕核心素养的培养进行创新，从而让教学过程的安排在整体布局下，做到既有个人特色又能实现培养学生核心素养的目的。

一、围绕核心素养立意，巧妙设计引入

所谓核心素养立意，就是教师在安排教学过程时，在考虑教学目标的同时，针对教学目标设定的核心素养培养要求，以提升学生的素养和能力为出

发点，在教学导入环节巧动心思，创新设计导入内容。

教师在讲授中国梦时，不应只讲授发展的艰辛，而更应从当今中国的"新四大发明"入手，引导学生了解"新四大发明"之一——快递的发展历史，从物流行业的发展转移到市场经济的发展，将"快递之梦""快递之痛""快递之希望"三个部分贯穿这个课程，中间穿插学生熟悉的"网络购物"等喜闻乐见的内容，结合学生生活实际。这样提出了未来的"快递梦"，再上升到国家的发展——中国梦。学生在教师结合现实生活的一步步分析中确信，实现中国梦指日可待。

二、紧扣核心素养，以问题引导教学

核心素养是学生在接受相应学段教育的过程中逐步形成的、适应个人终身发展和社会发展需要的必备品格和关键能力。教师要在教学过程中培养学生的这种素养，培养善于表达的、自主合作的学生，让学生拥有高度的元认知控制力和通用学习技能。而教学过程中的每个环节中的一系列问题的设计，以及教学过程中学生之间、师生之间的交流，小组讨论与反馈的环节等设计，就要立足于落实核心素养培养这一课程目标。为此，教师在教学过程中就要注意发挥课堂培养学生核心素养的主阵地的功能，围绕学生核心素养的培养去设计教学展开过程中的一系列问题，从而让教学环节之间借助于问题环环相扣。

数学教师教授"函数与导数"时，需要让学生掌握用"导数求函数极值"的方法。而这堂课的难点就在于使学生能够顺利理解可导函数在某点导数为零时该点为极值点的必要不充分条件。教师在教学过程中充分运用最近发展区理念，找到学生已经掌握的内容，即利用导数研究函数的大致变化趋势，通过对函数图像的比较分析，认识函数的极值、极值点，最终顺利使学生掌握教学内容。

在这一案例中，教师在教学过程中巧妙地用问题引导教学环节，从导入新课到教学展开均用问题激起学生的学习兴趣，促进学生探究思考，从而完成教学目标，突破教学难点问题，解决教学重点问题。而在此过程中，学生的数学思维得到训练，其学科核心素养得以培养。

三、抓住核心素养，深入开展教学

教学过程中，教师要反复引导学生获取知识、探究问题，并在学习和探究的过程中渗透相关学科的学科思想，然后再借助于一系列有针对性的练习，让学生明白教学中所蕴含的学科知识和渗透其中的学科核心素养。这就要求教师在教学中要紧扣核心素养培养这一本质，有针对性地引导学生进行讨论、探究、分析问题和解决问题，进而培养学生的学科核心素养，达成教学目标。

例如，在语文课讲授"虚构"的概念时，教师进行这样的教学设计：在课堂导入阶段，教师以大家熟悉的小说《西游记》引起学生注意，问学生对于小说中印象最深刻的是什么。引导学生说出与本节课有关的答案——师徒四人都是虚构出来的。由此引入了虚构的概念及课文。在接下来的课文研读中，教师带领学生体会作者通过什么样的方式使作品整体虚构，但是给人的感觉却异常真实。学生经过讨论得出答案。最后教师通过引导学生把握文学创作中虚构这个概念得出结论。于是在对文本的阅读和讨论中，学生感受到了作者的写作手法及构思的巧妙，在培养其语文核心素养的同时，也对他们进行了生命教育。这也正体现了核心素养的本质。

四、紧扣核心素养培养，少教多学

核心素养导向下的课堂教学中，教师在教学过程的安排上要时刻将素养的培养放在首位。在核心素养导向下的课堂，一个突出的理念就是要将学生放在主体地位，让学生成为课堂活动的实践者、教学过程的参与者，甚至在个别环节是主导者。因此，教师要在教学过程中诸环节体现对学生核心素养的培养，就要在教学过程中始终想着学生，让学生思考，让学生实践，让学生之间交流，让学生去总结，让学生去分享，等等。如此一来，学生亲身经历了教学过程中的各个环节，他们的印象才能深刻，他们的总结才能成为个人经验。教师在教学过程各环节，在组织教学活动过程中，都要注意紧扣核心、素养，突出学生的主体性，少教多学。教师的教是启发性的教，不插手学生的学习和思考，要为学生的学习提供必要的和适当的帮助；教师的教是创造性的教，集中时间和精力创造性地设计教学内容和教学过程，帮助、激起、强化、优化学生的自主学习。如此一来，学生才能全身心地参与学习、探究、钻研，获得知识，并在实践中运用新知，使学习成为发自内心的"乐学"，其核心素养自然得以培养和形成。

"两直线的平行"这一概念在初中数学教材和高中数学教材中都出现过。当高中数学教师讲授这一概念时，就要考虑既然学生在初中已经学习过，对其有了一定了解，教师在进行相关教学时就会尽量引导学生对原来学过的知识进行回忆、思考，以顺利地将知识迁移到高中所学内容上来。于是教师顺势将回忆"两直线的平行"这一过程融入对初中所学几何内容的概括中来，学生既锻炼了概括总结的能力，又顺利将知识迁移过来，顺利完成了学习任务。

第二节　基于核心素养的教学过程的安排

基于核心素养的教学过程的安排，要突出核心素养培养目标，还要完成教学三维目标，因此教师要在教学过程中巧动心思，紧扣核心素养培养要求，对教学过程中的不同环节进行巧妙安排，以期在实现教学目标的同时，也达到培养学生核心素养的目的。下面就来分析在基于核心素养进行创新安排教学过程中的各个环节。

一、多种导入措施，引发素养培养

在核心素养导向下的教学中，一个重要的特点就是学生的学习理念和学习方式的改变，它要求学生由接受式学习转变为探究式学习，以此激发学生学习兴趣和学习动机。而每一堂课的导入都是高效教学过程的重要环节。教育教学活动能否成功，关键要看教师是否能调动学生的积极性，是否能激发学生的学习兴趣，是否让学生产生了学习欲望。所以，在教学过程各环节中，新课导入虽然只有课前的几分钟，但它作为新课开始的重要环节，对吸引学生注意力，提高学生参与课堂教学的积极性和参与度有着积极意义。新课导入设计得好，不但可以扭转课堂上学生被动学习的状态，而且可以激发学生的学习热情和学习兴趣，对于培养学生的学科核心素养、开展教学可起到相当重要的作用。在核心素养导向下，教师要围绕核心素养的培养，采用多种措施实施导入教学，从而让核心素养培养从导入环节就渗透其中。

（一）提出问题，引入新知

"学起于思，思源于疑。"学习的最基本要素是思维，现代心理学认为，思维是从问题开始的，激发思维最典型的情境是问题情境。巧妙设疑，能引发学生的认知冲突，点燃学生思维的火花，让学生独立地发现问题，进而分析问题、解决问题。应以提出带有悬念性的问题或者是本节课需要解决的问题来导入新课，激发学生探求知识的欲望，使其形成认知冲突，点燃学生的好奇心，唤起学生的求知欲，从而使学生形成学习的动力。这种导入方式使学生由"要我学"转变为"我要学"，使学生的思维活动与教师的授课内容融为一体，让师生之间产生共鸣。因此，在新课开始时就提出一个耐人寻味、促人思考的问题，不但可以让学生产生浓厚的学习兴趣，激发其强烈的求知欲，而且也将问题意识渗透到教学环节中，而问题意识正是核心素养培养的内容之一。

数学教师为了培养学生的逻辑思维能力，在进行新课导入时以提出问题的方式引导学生思考，关于几何曾经从哪些方面进行学习，学生经过回忆和思考回答出了线段、三角形、平行四边形等概念。根据学生的回答，教师继续引导学生回忆几何具体的概念等方面，学生的回答也更加具体，总结出了曾经学习过这些形状的大小、面积、体积。于是教师询问，在进行完直线方程的学习后，下面应该学习什么，学生想到了直线的位置关系，教师顺理成章地引出将要讲授的内容——两条直线的平行。

教师在导入新课时用问题引入，让学生从宏观到微观，将直线这一几何对象置于宏观体系之下，很自然地提出研究的问题，即两直线的位置关系。学生从多个角度认识如何研究几何对象到抽象出大小、形状、关系三个方面，这本身就是对"数学抽象"这一核心素养很好的渗透。导入新课环节就体现了对核心素养的培养。那么，在核心素养导向下，教师在导入新课环节如何设计问题呢？

1.注意问题的使用

使用问题导入新课，也需要注意导入环节的特征。所设计的问题首先要精练，要能快速切入主题。问题要么是与本节课所学知识或者学习方法相关的类比性问题，要么是需要用本节课的知识来加以解决的、激发学生热情的前置性问题，要么是本节课知识应用于生活的情景性问题等。

2.注意问题的广度和深度

一个以质取胜的问题肯定不会局限于教科书，一个有关是什么、为什么的问题，倘若不加以修饰，完全得自教科书，直来直去，不但不会引发学生的注意力，促进学生思考，反而会让学生失去探索的兴趣，更谈不上促其深入思考。因此，问题的深度和广度要注意适合，要有利于激发学生的思维，使其产生求知欲，即问题要考虑学生的实际认知水平与知识结构。

3.注意问题要处于创新和传统之间

没有创新就没有发展，因此导入环节的问题设计要尽可能不墨守成规，要推陈出新，要从现代社会实际、学生生活实际出发，进而让学生由亲近的事物产生探究感，主动探索问题，引发对各环节的推动，同时有机地融入当代社会，从而反映出时代和学科特征。

4.问题的设计还要转变师问生答的特点，要尽力实现"生问师答"

问题导入，一方面可以激发学生的学习热情，另一方面可以增加学生对学科学习的兴趣，发挥学生在教学中的主体作用，使他们形成一种多样化的思维，以利于他们对新知识的进一步掌握。

总之，导入新课是教学过程中的一个重要环节，它不但起到承上启下的作用，而且可以启发学生的想象力，引发学生的学习兴趣，激励学生探索新知，让学生积极主动地投入新课的学习之中，从而将核心素养的培养渗透其中。

（二）从生活入手，由实践导入

建构主义学习理论认为，只有当学习内容与学生的经验、社会环境或自然情境相结合时，所学的知识才容易发生迁移。杜威指出："学习是基于真实世界中的体验。"所以，以现实生活为原型的课堂教学，就是将教材中的教学内容与学生的真实生活经验相联系，让学生体验生活、感悟生活，从而培养学生的核心素养。新课标指出，生活是一个大课堂，蕴含丰富的课程资源，远离生活就意味着让学生失去课程的另一半。从效力上说，教育要通过生活才能发出力量而成为真正的教育，而这也正揭示了核心素养培养的一种有效途径。因此，在核心素养导向下的教学中，教师可以从生活入手，从实践导入新课。

数学教师在引导学生学习"分数"时，会从学生生活中挑选实例来建立熟悉的生活情境，让学生迅速进入学习状态。例如：让学生分苹果，先从整数分起，苹果越分越少，最后每个人分不到一个苹果时，教师引入数学上的"分数"概念。

教师借助于学生熟悉的生活引出分数知识，化抽象为具体，寓枯燥于趣味，让学生体会到分数来源于生活。这样的新课导入，激发了学生的学习兴趣，使他们调动自己的知识经验，体现了让学生在原有生活经验和认知的基础上进行学习的教学理念，让学生感受到数学每时每刻都在自己的身边。这正是核心素养培养的途径之一。

运用生活实践导入新课这一环节需要注意的是：一要善于激活教材，从教材与生活的切入点入手，真正实现教学内容与生活接轨；二要激活学生的生活体验，从而促进学生的认知冲突；三要善于从学生身边的现象入手，改编教材，从而让学生在旧知识与生活的衔接中，让生活内容与教学内容一步步接近，领悟到新知识。

物理课教学就可以充分引入学生熟悉的生活实例，如请男同学上台来用双手撬开钉在一起的两块木板，无论男同学使多大力气，木板也不可能被分开，但是当老师把工具交给女同学，木板很容易就被撬开了。这种发生在眼前的场景充分引起了学生的兴趣，教师就可以借此机会迅速把课程展开，引导学生学习机械的特点，以及机械的施力方式。

总之，从生活走向课堂，从课堂走向社会。这是核心素养培养导向下教学改革的理念。教师在教学过程中的导入环节，要注意让教学与生活实践相结合，从而以轻松活泼的生活情境导入，激发学生的学习兴趣。这样一方面可以牢牢抓住学生的注意力，让学生感悟到生活和学科知识的紧密联系；另一方面可以学以致用，让学生解决一些简单的问题，进而体会到学科学习的价值，达到将学科知识运用到社会生活的目的，渗透核心素养的培养。

（三）从故事入手，激发学生学习兴趣

学生一般都喜欢听故事，如果教师能将知识融入具有趣味性的故事之中，必定能引起学生的注意。采用这种方式，学生的情感最能投入，其积极性也最容易被调动起来。

某化学教师在教学乙酸的性质时用一个故事导入新课。

传说古代山西有个酿酒高手叫杜康，他儿子黑塔跟父亲学会了酿酒技术。后来，他们一家人从山西迁到镇江。黑塔觉得酿酒后把酒糟扔掉很可惜，于是就把酒糟浸泡在水缸里。到了第廿一日（第二十一天）的酉时，一开缸，一股浓郁的香气扑鼻而来。黑塔忍不住尝了一口，酸酸的，味道很美。他在烧菜时放了一些，味道特别鲜美，便将其贮藏起来作为"调味酱"。

接下来，教师用动画将"廿一日"和"酉"组合成"醋"字，学生情绪瞬间高涨。然后这位教师就利用学生积极投入的状态引入"乙酸性质"的学习，取得了较好的课堂效果。

将这种方法用于核心素养导向的新课导入环节，一方面要注意故事应与教学内容相符，体现学科特点；另一方面要注意故事的选取要与学生的年龄相符，否则故事不但不能激起学生的学习兴趣，而且会因为画蛇添足而失去其教学导入的价值，更谈不上培养学生学科核心素养。

（四）归纳导入，由旧入新

教师可通过归纳总结前一节课的教学内容，或者是在习题作业、实验作

业、考卷分析中将学生存在的问题进行归纳并分析原因，从而导入新课。例如，在引入新知识前，教师给学生提供一个新知识背景下的个别对象，让学生去观察、比较、分析、综合，诱导学生萌发猜想，引出规律。

在充满想象空间的美术课堂上，美术教师在教授汽车的画法之前可以让学生听一听汽车喇叭声，通过这种新奇的方式引导学生讨论汽车，讨论他们喜欢的车型，尤其会引起男同学的兴趣，在这种热烈的讨论中教师可以展示各种汽车的视频，通过举例让学生进行分析对比，最后得出结论：汽车无论千变万化，都由车身、车轮、车窗三部分组成。在这里，教师借助于让学生观察不同类型汽车的造型的方式，从而打开学生的思路。通过讨论，学生很容易找到了汽车的相同之处。这样一来，老师把看似复杂的汽车归纳为三部分，不仅有助于学生思考，更解决了教学的重点问题。这样的导入，不仅能够培养学生独立观察、发现、总结规律的能力，而且有助于提高学生的学习兴趣、学习效率，实现对学生学科核心素养的培养。

总之，基于核心素养的课堂要体现有效启动，做到三个激活：激活思维、激活行为、激活知识。因此，在教学导入环节，教师要注意创新性地设计导入内容和方式，从而唤起学生情感共鸣，拓展其思维与想象的空间，使其迅速进入学习情境，将核心素养的培养渗透其中。

二、针对核心素养的培养展开教学

站在课程论的视角，课堂学习是学生成长过程中不可往复的生命历程。学生作为成长的主体，其经历的丰富与否和经验获得的多少，影响着课堂质量的高低。而教学过程中，教学导入如同一幕大剧的幕布开启，教学过程的展开是大戏的开场。而核心素养导向下教学活动的开展，要紧扣课堂教学内容，科学安排教学过程，从而让学生核心素养的培养渗入其中。为此，教学过程的展开应注意采用以下方法。

（一）教学内容的展开要注意从教会知识转变为发展素养

教师在讲解圆柱体时就可以通过举例说明生活中存在各种各样的圆柱

体，然后引导学生归纳总结圆柱体的特征。例如，学生说圆柱体有两个圆，教师就可以用桶装方便面的包装来反证不是有两个圆就算圆柱体，就这样用小鼓、硬币、火腿肠，教师一步步引导学生发现并且总结概括出来圆柱体的根本特征，即所有横截面都是一样的面积。

教师在借助于生活中的圆柱体导入新课后，从对圆柱体的观察入手，引导学生在尝试、思考、质疑、调整中逐步得出圆柱体的特征，使学生的抽象思维能力得以培养，空间观念得以形成。在这一教学展开过程中，我们清楚地看到，教师将教材内容中这些原本由成人创造、成人运用的知识转变为学科知识的把握，发现了教学内容的育人功能，从而将其推回到学科知识创造的原点，从中汲取营养和生长的力量，在此基础上真实地解读教材，真实地解读学生，寻找到教学真实的起点、困难点和提升点，于是分别从知识、情感、思想、精神、思维、审美，以及语言等多个视角解读教学文本，实现从"意思本位"到"意图本位"的转换，借助于开放教学文本，给学生的素养发展提供极具价值的影响。

这一案例提醒我们，核心素养导向下，课堂教学的展开要围绕实现课程与教学之间的深入融合与内部整合，达到培养核心素养的目的，表现在学科教学中，那就是要为了培养学生的学科素养或能力而教学。为此，教师要在展开教学环节中，抛开以知识点为中心的学科教学方式，创设以学生为本的学科课程，突出学习活动的行动性和可操作性，让教学过程真正实现从教会知识向发展素养的转变，让学生在"做中学"和"用中学"中获得真正的、活生生的生活经验，以及可以灵活运用和多向迁移的"活知识"，达到对学生进行核心素养培养的目的。

这就要求教师在教学过程的展开环节中，从课程标准的要求和具体学科出发，解决"如何教"的教育问题，立足全人发展，培养学生核心素养，达到"促进人的全面发展，适应社会需要"，提升学生的基本素养和能力，实现培养学生核心素养的目的，科学组织教学。

（二）教学内容的展开要从课程形态提升到课程生态

教师在课程教学中应鼓励学生主动发言、深入思考，锻炼语言表达能力。教师通过设定情境和问题，引导学生结合生活经验进行思考、表达。例如：在课文《坐井观天》的讲授中，教师播放青蛙跳出井口的视频，请学生展开想象，青蛙出了井口后会看到什么样的世界，学生踊跃发言，有的说青蛙看到了绿草和鲜花，有的说看到了桂花，闻到了花香，有的说看到了果园里丰收的景象，有的说看到了城市里高楼大厦的风景。教师立刻赞美学生的种种思考。但是也有学生表达了异议，教师立刻表现出好奇和疑惑，这位同学说小青蛙可能看到了垃圾和蚊蝇，其他学生也受此启发纷纷发言，有的说小青蛙看到了小河里的垃圾，鱼的尸体；有的说看到人砍伐树木，鸟没了家；有的说看到人类大量捕捉青蛙同伴，贩卖它们去做下酒菜；有的说看到汽车在路上飞驰，尾气令人窒息。教师借此机会向学生提问，外面的世界这么危险，人类应该怎么挽留青蛙。学生立刻被引起兴趣，提出了种种保护生态的办法。教师对学生的发言大加赞美。

从教学内容可以看到，教师在教学展开环节中实现了故事内容与教学内容之间、语言和思维之间、情趣与理趣之间的融合，于是在教学过程中，学生的童真之美、语言之美和思维之美得以体现，而这些美的体现正是在教师的教学展开中自然倾泻的，这正是核心素养培养的内容。这一教学案例提醒我们，要想在教学展开环节关注对学生核心素养的培养，教师就要在教学过程中，基于学科知识，聚焦学习经历，对学生的学科学习进行具体规划，让学生在具体可感的情境中、在人与情境的互动中完成体验，获得某些精神上的东西，如需要的满足、悟性的提升、心理的平衡、精神的愉悦、境界的提升等，从而让其成为衡量教学质量的重要指标。而在这一体验过程中，核心素养的培养就落实到了学科素养之中，而学科素养的培养又为学生核心素养的学习提供了一个平台。

那么，如何在教学展开过程中，让学生由"经历"变成"经验"，进而产生丰富的、能促进学生核心素养发展的真实的生命体验呢？具体来说，可以从以下三方面入手。

1. 课程与教学融合

如在上述案例中，教师在教学过程中不拘泥于《坐井观天》这一静态的课程资源，而是想办法让自己的教学行为成为最好的课程，引导学生展开想象，发挥童趣童真，从而让课堂教学活动本身成为一部丰富多彩的教材。

2. 学习活动协同创新

教师要在教学展开环节走下"神圣的"讲台，通过体验式活动的设计与组织，以共同经历者的身份，和学生一起建构极具生态特点的学习"共生体"，突破学生"死读"教材这一单纯认知模式的束缚，让教学活动本身促进这些学习"共生体"能基于知识经验进行对话、交往，促使所有教学活动参与者都进行"经验联网"、智慧碰撞，产生思想、知识、经验的"内爆"与内生。

3. 教学概念的重生

我们知道，课堂教学的最佳状态就是教与学同在、同体、同生的状态，教与学两种相对独立的教学活动是根本不存在的。同时，课堂教学活动展开时，要关注学生的基础性、前置性、主动性。须知，学生的有效学习活动才是教学活动生效的根基，才是教学活动存在的生命线。为此，教师要善于将学习变成学生的主体性、能动性、独立性不断生成、张扬、发展和提升的过程。如在上述教学中，教师就摸清了这一年龄段学生的基础，于是在教学展开环节，尊重学生的身心发展特征，以课程标准为参照，让学生在想象中说出自己的所思所想，并肯定学生的见解，珍视学生的发现，使学生在愉悦的状态中受到鼓舞，使学生在轻松的氛围中碰撞出创新思维的火花，从而达成教学目标，实现对学生核心素养的培养。如在教学过程中，一位学生说青蛙可能看不到美丽的景色，老师就让他说出了原因——环境被污染。这位学生之所以会产生这样的想法，源于他的生活体验和他对生活的关注。

总之，在教学展开环节中，要实现对学生核心素养的培养，教师就要让教学成为教与学的相遇，让学生理解知识，进而理解人际关系。换言之，教师要在教学展开过程中，冲破事物和事实层面的局限，让其成为学生修习涵养的过程，并让知识成为学生修习涵养的精神营养。

（三）教学内容要注意引导学生"发现真理"

我们知道，学生的核心素养旨在促进学生核心能力的形成和发展，这种培养要与教育教学实践相结合。因此，归根结底，学生核心素养的培养要求教学模式转型，即从过去重视学科知识的完备性和科学性，转向重视学生核心能力和素养的生成；从过去重视学生的知识结构而忽视学生能力的培养，转向促进学生能力的提升和全面发展。而要实现这种"转向"，课堂教学的展开过程就要用科学、文化的创造力，激发和促进学生个体生命创造力发展的过程。

教师运用支架教学模式，训练学生简要概括能力，首先尝试让学生总结课文内容，并且引导其他学生用概括性话语来评价，但是效果不佳。教师果断引导学生找到带有概括性语句的段落，这样有明确目的引导后，学生找到了课文中的答案。教师可以在此基础上，回到开始的问题，经过了刚才的支架性训练，学生学会了方法，锻炼了简要概括的能力。

教师将"简要概括"看作动态的知识，深知获得这类知识的主要心理机制是体验、实践和运用。因此，教师在一开始并没有"强摁牛头饮水"——让学生采用统一的句式来学概括，而是让学生在问题情境的引导下，基于自己的学习经验和生活体验，尝试自我概括。在组织课堂多元、多维、多向的互动交流中，教师敏锐捕捉课堂生成资源的价值，并通过在情境中相应的出示"梯子"（引导学生读相关语句）的方式，对接学生课堂学习中真实的困难与障碍，让学生在尝试中到文本中寻找关键词，进而伴随着教学活动的深入，逐渐领会并掌握"文本中有关键词，就直接提取关键词；文本中没有关键词，就根据文本叙述（或描写）提炼关键词"这一简要概括的重要学习方法。而且，在这个过程中，教师没有代替学生思维，而是不断地根据课堂教学情境，提供必要的"梯子"，让学生自己踩着"梯子"慢慢地"摘到桃子"。良好的课堂教学效果充分说明，优化的教学流程要展开学习的过程。展开学习过程，需要教师善于集聚、整合资源推进教学。

这说明课堂教学更深层次的意义在于以动态生成的方式推进教学活动的

过程，它是以学生思维水平层次和学科素养的提升为目标的。为此，这就要求教师，不能让课堂成为一个线性的推进过程，而要借助于弹性化的生成，使教学展开为丰富生动的曲线，形成美丽的风景。而要做到这点，就要求教师不仅要有结构化的设计能力和"整体综合"的思维品质，还要不断提升自己的课堂教学基本功，在教学展开过程中设计不拘泥于具体形式和程式化的问题，借助于丰富的课堂动态调整，使教学指向各层次思维目标的落实，进而展开合理的教学，在推进逻辑上实现从机械执行到多向互动的转换，提升学生的核心素养。

这一点启示我们，在教学展开过程中，教师要注意从以下五方面入手，引导学生"发现真理"。

第一，教师要提升自己的问题设计能力，即在教学目标确定的前提下，以指向目标实现的开放性问题来激活学生的相关资源；第二，教师要训练自己的资源捕捉敏感度，即准确把握全体学生的学习状态，对学生产生的基础性资源做出敏锐的反应，为全体学生提供参与交流的平台；第三，教师要提升自己的资源处理整合能力，即根据现状捕捉针对性资源，在资源处理过程中让学生经历知识结构形成的过程；第四，教师要训练自己的过程互动调控能力，即根据课堂中学生的现实状态，进行恰当的回应反馈与及时的过程拓展、归纳提炼，组织有效的互动，将学生的思维引向深入；第五，教师要提升自己的课程重构创新能力，即基于现行教材，通过教学内容的结构化重组，积极开发主题性课程，实现课程与教学之间的深度融合和内部整合。

为锻炼学生的学习能力，教师可以在上课时设计活动板块，在活动板块中把学生自主学习安排在活动的第一部分。教师进行课堂教学时就把与课文学习有关的问题放在板块第一位，通过设计问题让学生在自主学习时寻找答案来实现初步理解。

以上环节的内容涉及前后知识的联系，均需学生在深入阅读教材的基础上解答。学生通过自主学习，其思维迈向深入。教师在学生完成自主学习的基础上，请学生展示、交流学习成果，相互补充。通过师生互动、生生互动，学生掌握了基础知识，提升了素养，培养了能力。

因此，在核心素养观照下的课堂转型，教师应以"教学内容的价值解读与转化"和"教学活动的设计与展开"为聚焦点，在教材解读过程中实现教材资源向教学内容的转换，在进行活动设计时实现从教学内容向教学活动的转化，逐步形成"立足思维，分解目标""立足核心，板块设计""立足互动，展开过程""立足底线，训练扎实"的思维方式，积极锤炼新型的教学基本功，从而在教学展开过程中促进学生能力的提升和全面发展，不是把"真理"送给学生，而是在引导学生发现"真理"。而这正体现了核心素养培养的要求。

三、针对核心素养的培养反馈教学

教学反馈是师生双方教与学的互动，是一个复杂的教学信息传递系统。在此过程中，师生双方是信息传输者与信息接收者的关系。在核心素养导向下的教学过程中，学生接收到教师传达的信息，对其进行加工与处理，然后将其输出并传递给教师；教师则根据学生输出的教学反馈信息进行分析，从而对自己的教学做出判断与调整。二者之间构成了一种信息交流与传递的过程。在此过程中，学生获得的认识和体验得以强化，从而发现问题所在，改进学习方法，提升其核心素养。所以，面对世界范围内对核心素养的高度关注，教师就要实现课程教学转型，让教学指向学生核心素养发展，让课堂教学过程成为课程实践的中心，以体验学习为中心推进学生学习方式的根本转变，让教学过程中的反馈环节围绕核心素养的培养而展开。

核心素养的培养使课堂不再是以教师为主体，而是强调学生进行深入思考。在核心素养导向下的教学过程中，要达到提升和培养学生核心素养的目的，就需要在教学展开过程中做到以下三点。

（一）精心设计随堂练习

精心设计随堂练习的目的是让学生及时巩固所学新知识，促进其对新知识的应用和迁移。例如，教师在教学展开过程结束前，随时有针对性地设计问题，获取学生的反馈，然后有针对性地对反馈信息进行处理，对正确的信息及时肯定，对错误的信息及时纠正，照顾到每一个层次的学生，同时注意体现对学生学科核心素养的培养，而不应仅仅立足于知识和成绩。

数学课教学过程中，教师给出例题 A（2，3）、B（5，-7/2）、C（2，3）、D（-4，4）四点，要求学生求证：顺次连接 A、B、C、D 四点所得的四边形是梯形。学生借助画图一点点猜想各点连接后线段的关系，通过画图判断出解答的方向，然后进行运算来证明。

在这里，教师借助于课堂巩固训练，让学生对所学知识进一步巩固；借助于处理例题让学生练习，再让学生说一说是怎么想到的，暴露其思维过程，从而及时了解学生的知识掌握情况，引导学生掌握学习方法，培养学生的数学思维，提升学生的能力。

（二）巧妙设计课堂提问，及时获得学生的学习反馈

在课堂教学中，教师要围绕教学目标和核心素养的培养目标，运用比喻、反问、情境设置等方式，通过"是什么""为什么""怎么样"等发问形式，提问不同层次的学生，借以发现学生存在的知识缺陷，以确定讲课进度和指导方法。教师要创造机会，鼓励学生在课堂上提问，以便从学生提问的内容及难易程度来获取有价值的反馈信息，及时进行矫正与补救。

（三）细心观察学生的表情、动作，获得反馈信息

在教学展开过程中，学生会根据自己对知识的接受情况做出不同的反映。如果学生理解顺利，其态度就是积极的，神态就是专注的，坐姿就会表现出全神贯注，或者放松，表情就是乐观自信的；反之，学生则是沉默或迷茫，甚至淡漠、烦躁，动作表现为左顾右盼、伏桌等。教师均可借助于对学生这些表情和动作的观察，有针对性地调整教学进程和教学方法，从而达到在教学过程中实现对学生能力和核心素养的培养。

当然，除了以上方式，课中讨论、操作及试验等，也可以成为教学过程中获得反馈信息的途径。在后面的主题中，讲到教学方法时再细谈，在此不多讨论。

四、紧扣核心素养的培养结束教学

把学生培养成"全面发展的人"不是一件容易的事，课堂是育人的主渠道，核心素养是课堂育人的集中体现，贯穿课程目标、内容、实施等整个过程。教学过程中的小结，不仅是对前面教学展开内容的总结，是对教学目标达成的巩固和强化，也是对教学过程中渗透核心素养的培养的提升和强化。因此，小结部分的创新设计对于核心素养的培养可起到画龙点睛的作用。

（一）练习反思，深化素养

生物课教师在设计课后习题时就可以充分运用课上所学的知识点。例如，"细胞的衰老和凋亡"的课后习题，教师通过设计了单项选择题来考察衰老细胞的特征、细胞凋亡的过程、高等动物细胞衰老和凋亡的表现、老年人头发变白的表现等。选择题中融入了该知识点所需掌握的要点。这种教师原创的习题是对课堂教学的延伸，要求学生在自主完成的基础之上，小组合作进行探讨，最后教师加以讲解。如果在习题完成过程中学生出现的错误较多或产生了新的疑惑，教师可以设计补充练习，进行二次训练。在做习题巩固后，教师抛出："本节课你学到了哪些知识？你还有什么疑问？"教师引导学生自主小结和进行补充，同时让学生提出心中新产生的疑惑与大家分享，有学生提出："我近期也出现了白头发，我是不是也衰老了？""我最近老是记不住知识，是衰老特征吗？"课堂教学又出现了新的高潮，这时教师利用学生的疑惑进行深层次的分析，使其知识进一步得到巩固。

这一案例提示我们，在核心素养导向的教学小结环节，教师可以借助于设计联系生活的训练习题，一方面让教学效果得到有效保证，这对于学生能力的提升大有裨益；另一方面教师在学生自主完成的基础之上，让学生自主讲解和互评后进行反思、总结和归纳，进而提升和巩固素养培养的效果。不过要注意的是，所设计的习题要求教师有针对性地编制原创试题，少用旧题；应注重习题的质量；而且要从现实生活和社会热点的角度命题；充分发挥试题对核心素养的导向作用。如此方能发挥利用小结巩固对学生核心素养的培养的目的。

（二）疑难梳理，提升素养

培养学生核心素养可以在对学习疑难问题梳理的基础上进行。数学课上教师讲授完"反比例函数"可以引导学生谈一谈收获和体会。学生也会有实际感受，如可以用课上学到的反比例函数解决生活实际问题。还有学生认识到了函数模型的作用，教师对他们的收获进行归纳，就可以引导学生建立用数学模型来解题的意识。借助于对疑难问题的梳理，提升学生的核心素养。这种核心素养培养相当成功，体现在学生产生了建立数学模型解题的意识，明确数学来源于生活、生活处处有数学的数学与生活相结合这一内容。

这一案例提醒我们，小结部分借助于疑难问题梳理，可以提升教学内容对学生学科核心素养的培养。这样的做法，需要教师在实施时注意以下两点。

1.注意提炼精华，梳理困惑

教师要注意指导学生借助小结将所学知识的精华提炼出来，进而对自己的学习困惑加以梳理和审视，然后在全班同学面前对大家共同的疑惑进行再次回顾梳理，使全体学生都能借助小结有所收获。如此一来，教学过程就产生了"第二次飞跃"，通过巧设疑问，营造氛围，教师提高了学生的注意力，培养了学生的思维能力，体现了以人为本的核心素养培养理念。

2.要注意操作方法

学生在对所学新知识进行梳理时，首先要对知识内容进行简单的梳理，从而形成一个知识网络。其次，要对当堂课所渗透的学科思想及方法进行梳理，从而达到深化思维的作用。当学生能用自己的语言表达对问题的理解时，就说明其对学科思想有了一定的认识，其思维得到升华。最后，要对本节内容进行纵横的综合联系，抒发学习感受，提升核心素养的培养效果。

（三）后续学习，渗透素养

教师在核心素养培养中可以拓展思路，使用跨学科的教学方法。数学课也可以锻炼学生的语言表达能力，如教师在讲授"锐角三角函数"一课的教学小结环节时就可以让学生扮演"正弦函数"来做自我介绍。学生很感兴趣，有的介绍正弦函数的中英文名称，有的介绍它的生活背景，即应用背景，也有的学生介绍它与勾股定理的关系，有的学生补充函数的取值范围。这堂课运用了拟人自述的方式，让学生对所学内容进行提炼，引发学生深入反思。这样的小结，可以提升学生对所学知识的巩固和联系程度，进而提升学生的学科素养及跨学科素养。

学科不同，其核心素养的要求尽管不同，但共同的素养培养是确定的。因此，教师可以利用小结部分让学生运用其他学科的知识进行总结，丰富自己的知识体系，将知识融会贯通，不仅为后续学习做好铺垫，而且让小结充满真实气息，使学习成为一个知识体系重建的过程，达到培养学科素养的目的。

（四）大胆设疑，拓展素养

教师在核心素养培养中可以充分使用与学生实际生活相关的案例，越生动越好。那么这种方法如何运用呢？不妨采用以下三种方式。

1. 设疑

提出有一定难度的问题，而这一问题经常是下节课要探讨的，让学生带着疑问结束一节课的学习，进而激发其主动探索的兴趣和急于知晓答案的心理。这正如评书或相声中的"包袱"，给学生留下悬念，可以很好地激发学生的学习兴趣。

2. 设伏笔

在讲授某一知识时，刻意留下一个"尾巴"，让学生由大吃一惊到言而未尽，以引发其好奇心，为今后的教学设下伏笔。

3. 延伸

由于课堂教学时间有限，若想让学生在课堂学习中掌握更多的与教学内容相关的知识，教师就应在课前或课后联系与教学内容相关的问题，用激励的语言鼓励学生学好学科知识，以期为将来探求本学科领域中的奥秘打好基础，从而将课内知识延伸到课外。

第三章　基于核心素养的课堂教学本体

从三维目标到核心素养的提出，是课程育人目标在教学目标上的具体化与科学化的过程。这种变化要求教师在组织课堂教学活动时，要重视对学生核心素养的培养，加深对学科核心素养的认识与了解，更新育人理念，让教学工作具有全局性、前瞻性。这就决定了在核心素养导向下，学科教学的课堂从"以知识为本"逐渐转向"以人为本"，借助于科学组织教学活动，在实现三维目标的同时，培养学生核心素养，促进学生全面发展。

第一节　基于核心素养的教学活动组织要求

在第一章中，我们了解到核心素养导向下的课堂教学中，学科知识是学科核心素养形成的主要载体，这就要求我们在围绕核心素养培养组织教学活动时，注意实现三维目标，以促进学生核心素养的发展。因此核心素养导向下，教师在组织课堂教学活动时首先就要明确相应的新要求。

一、升级教学目标，围绕核心素养的培养进行结构性调整

核心素养不是基础素养，而是高级素养。这一定性决定了教师理应在抓好基础素养培养的同时，重点提升学生的高级素养。换言之，核心素养导向下的课堂教学活动，要针对学生核心素养的培养对教学目标进行升级，并进行结构性调整。

（一）教学目标升级和结构性调整的原理

之所以要将教学目标升级和进行结构性调整，是因为这与当前一些教育界人士对核心素养的错误认识有关。当前，相当多的教育界人士错误地认为重要的素养就是核心素养，这导致课堂教学活动在组织上"换汤不换药"，对核心素养的培养没能起到根本性的作用。事实上，此前在教学中确定的三

维目标，属于素养中的基础素养，而核心素养则为高级素养，这二者之间是存在一定区别与关联的。

学生初入学要掌握基础的读、写、算技能，方能为后面的学习打下基础。司机开车前先要考"科目一"，即学习基础的交通规则，方能做到在开车上路后不出事故——基础素养是一个人必备的基本素养，是重要的素养基础。但必须明确的是，它们并非高级素养，也并非核心素养。尤其是进入 21 世纪后，人必须同时具备基础素养和高级素养。换言之，就是要在具备基础素养的前提下，提升自己的高级素养，即高级素养的培养要从基础素养升级开始。

（二）教学目标升级和结构性调整的原则

上述原理决定了要在课堂教学活动的组织上体现对核心素养的培养，就要将教学目标升级，并进行结构性调整。那该如何做呢？其根本原则就是要在重视基础素养的同时，强化高级素养，即核心素养的培养。这就是说，要将核心素养（特别是其中的创新能力）作为重要的教学活动目的，使之发挥"指挥棒"的引导作用，让学与教更多关注高级素养的培育。

二、整合课程内容，让核心素养与其精准对接

教育目标升级必然要求课程内容结构调整。为此，教师在组织课堂教学活动时，要注意教学内容与核心素养（教育重点目标）的联系，要体现与核心素养联系的密切程度。我们知道，课堂教学内容并非只有一个，倘若在组织教学活动时只关注基础素养（尤其是考试的要求），就会造成对核心素养（尤其是创新能力这一素养）培养的缺失，甚至造成核心素养培养内容的严重缺失。因此，教师要细化教学内容，合理调整教学目标，并将目标分解与细化，根据培养目标对高级素养的强调进行课程内容的结构性调整，并遵循"准"与"好"的要求，体现"量少而精准"，从而有利于核心素养培养目标的实现。

三、改变"教"与"学"的方式，体现核心素养的培养

课堂教学活动的组织要落实对核心素养的培养，还要注意变革教学方式

和学生的学习方式。而这二者的变化在落实核心素养上相当重要。

（一）变革教学方法，体现对核心素养的培养

要培育核心素养，相应地在教学方式上要注意倡导启发式、探究式、讨论式、参与式教学，从而激发学生的好奇心，培养学生的兴趣与爱好，营造学生独立思考、自由探索、勇于创新的良好环境，以实现培养核心素养的目的。我们知道，核心素养中有两大素养：一是创新能力，体现聪明的大脑；二是合作能力，体现温暖的内心。教学方式中的启发式、探究式教学主要对应的是创新能力的培养，讨论式、参与式教学主要对应的是合作能力的培养。

（二）变革学习方式，体现对学生核心素养的培养

在学习方式上，教师要让学生学会发现学习、合作学习、自主学习。这是因为学习方式中的发现学习直接对应学生创新能力的发展，合作学习则直接对应合作能力的培养。

因此，以上教学方式与学习方式的变革适应于任何学科的教学，是在任何学科的教学中都要进行的。这就体现了核心素养培养的要求，是与核心素养的精准对接。

总之，核心素养的培育要落实到教与学的每一个细节中，就要注意在组织课堂教学活动中体现以上新要求，使核心素养的培养真正落实到位。

第二节 基于核心素养的教学活动组织方法

人们明确了核心素养导向下教学活动的要求，那么在核心素养导向下，如何组织教学活动，才能体现对学生核心素养的培养，才能实现三维目标，让核心素养的培养在学科教学中得以落实呢？要做到这点，就需要教师明确课堂教学是渗透核心素养的有效途径，而现有的课堂教学活动的组织形式在很大程度上阻碍了核心素养的发展。因此，教师要围绕三维目标和核心素养培养的目标，对教学活动组织形式进行改革和创新，在达成教学目标的同时，培养学生的核心素养。

一、达成知识目标的教学活动组织方法

在三维目标中，知识目标主要指学生要学习的学科知识（教材中的间接知识）、意会知识（生活经验和社会经验等）、信息知识（通过多种信息渠道而获得的知识）等。这些知识，又称为理解记忆型知识（或陈述性知识或事实性知识），是个体能够直接陈述和描述的知识，主要用来回答"是什么"的一些事实性问题，是可以用语言来表达或以视觉化的方式来加以描述的知识。

就学习过程而言，简单的陈述性知识主要是符号表征学习和事实的学习。前者属于机械学习，这种学习的心理机制是人为联想，其学习规律可以用刺激、反应和强化等概念来解释。后者属于有意义学习，其心理机制是同化，这一知识的学习过程是由文字符号所表征的事实与学生头脑中的相关表象、概念和观念建立联系的过程。

核心素养导向下，针对理解记忆型知识的学习，为达成知识目标和培养学生的核心素养，教师在课堂教学活动的组织上，就不宜采用传统的复述或机械记忆的方式，而要创新教学方法，组织教学活动。

（一）复述与结果检验相结合的组织方法

在常规的学科课堂教学中，教师经常运用复述方法进行理解性知识的教学，以期达成知识传授目标。在核心素养导向下，教师采用复述与结果检验相结合的方法组织教学活动，可以提升学生的理解能力和信息处理能力，进而提升学生的核心素养。

（二）精加工方法

所谓"精加工"，是指为学习材料增加相关的信息，以达到学生加深对学习材料记忆的学习策略。在教学过程中，教师要对学习的材料补充细节，采用类比、比较、想象，举出例子、做出推论，或者使之与其他观念之间建立联系等。这一方法是建立在同化这一心理机制上的，其学习过程是一种有效的学习，它不但帮助学生形成新知识的内部联系和新旧知识的联系，而且

引导学生学会利用原有知识理解新知识。这正是学生学习的关键过程，也正是核心素养培养的重要内容之一。

（三）知识组织方法

所谓知识组织方法，就是把分散的、孤立的知识集合成一个整体并表示出它们之间的关系的方法。这种方法有利于学生将所学的新知识联系起来并组织成具有内在结构的体系，进而延长知识的记忆时间。这种方法的表现形式多种多样：可以用描述的方法，即把孤立的单词组织成一个描述性的句子；可以用归类方法，即将分离的项目按类别组织成一个序列，以减少记忆项目的数量；可以用表象方法，即将言语形式的信息转化成视觉形式或图画形式的信息。

（四）小结法

在教学中，教师运用了小结法组织课堂教学活动，让学生进行理解记忆型知识的学习。所谓小结法，就是对自己读到或听到的内容进行归纳、提炼、总结，有助于把握所获得信息的主要意义。这种方法的好处在于，可以让学生对所获得的信息进行进一步的加工提炼。它不仅要求学生识别出重要和不重要的信息，而且要解释、理解学习材料，从中提炼出主要的观点，最后再把关键成分组织成一个整体。可以说，这种方法融合了精加工法和知识组织法，对于学生的学习提出了更高的要求。这种方法一方面有助于学生抓住所学内容的主旨，另一方面还可减轻学生的记忆负担，使之避免记住一些不必要的材料，并从大量的信息中筛选出关键信息，把重要的观点与不重要的观点区分开来，然后把要点以一种新的方式组织起来。可以说，这是提高学生阅读理解质量的一种有效方法，更是培养学生核心素养的好方法。

核心素养导向下的教学组织活动，在面对陈述性知识的教学时，要立足于培养学生的能力和核心素养，创新教学方法；在教学时要将符号表征学习与精加工策略结合在一起，引导学生学会对所记忆的材料补充细节，举出例子、做出推论，或使之与其他观念形成联结，以达到长期保持的目的。

二、达成技能目标的教学活动组织方法

技能目标，就是指通过练习而形成的完成某种任务所需的技能。这一目标可以分为四种：一是基本技能，如读、写、算的技能；二是智力技能，如感知、记忆、想象和思维技能；三是动作技能，如绘画、做操、打球等；四是自我认知技能，即认知活动的自我调节和监控技能，如自己制订计划、自己检查作业，或者自我评价等。在核心素养导向的课堂上，教师要达成技能目标，就要立足于学科活动，注意组织学科实践活动和认识活动，培养学生的能力，加强对学生核心素养的培养。

（一）技能目标达成的教学活动组织的原理支撑

事实上，技能的习得就是程序性知识的学习过程。所谓程序性知识，即人脑中储存的关于步骤、程序、操作的知识，也是"怎么做"某件事，是一种动态的知识，表现为在信息转换活动中进行具体操作。

关于程序性知识的分类，罗伯特·加涅（Robert Gagne，以下简称"加涅"）分别从一般与特殊维度、自动与受控维度将其划分为相对的两种类型。从一般与特殊维度，加涅将程序性知识分为专门领域和非专门领域两种，前者是指由只能用于特殊领域的产生式系统构成的知识，如数学中的"四则混合运算规则"、语言学中的各种"语法规则"等。后者是指可以跨越不同学习领域的一般方法、步骤的知识，如"知己知彼，百战不殆""学习有法，学无定法"等。从自动与受控维度，加涅将程序性知识分为自动化的和受意识控制的两种，前者是由经过充分练习而能自动激活的产生式系统构成的知识。例如，在外语学习中，一个达到熟练化程度的学生面对呈现在自己面前的外语材料，可以直接、迅速地将其所表达的意义用汉语表述出来，在此过程中他对外语与汉语的语法规则，以及两种语言间的转换规则的运用都达到了熟练化的程度，于他而言，这些规则就属于自动化的程序性知识。后者是指未能达到熟练化的、不能自动激活的产生式系统构成的知识，比如一个刚学毛笔字的学生所拥有的有关书写规则方面的知识。

同时，按智慧技能的复杂程度，加涅将程序性知识分为由低到高的五个层次，即辨别、具体概念、定义性概念、规则和高级规则五个层次。这五个层次智慧技能不仅是一个从低级到高级的序列，而且任一高级智慧技能的获得都是以低一级智慧技能的获得为条件的，高一级智慧技能是在低一级智慧技能获得的基础上才发展起来的。而这一转化过程，就是教师要在学科教学中，借助于程序性知识（技能的目标训练），使学生形成的能力和所要培养的核心素养。

（二）技能目标达成的教学活动组织方法

能力只有在需要能力的活动中才能得到培养，而素养只有在需要素养的活动中才能得以形成。因此，技能目标达成的教学活动组织方法，可以有针对性地采用以下新方法。

1. 条件认知方法

条件认知，也称模式识别，是指学会按照一定的规则去辨别或识别某种对象或情境，看其是否与程序模式的条件模式相匹配。而这里的模式，即由若干元素集合在一起组成的一种结构。

教师在教给学生方法与技能时，可采用条件认知方法，让学生按照一定的规则去辨别或识别特定的对象或情境，从而激发出学生内在的情感，再将这些元素组合起来，达到提升学生的技能，培养其能力，进而形成语文核心素养的目的。

2. 选择有效操作步骤与方法

做一件事情可以选择不同的方式和方法，而在众多的方法中，一定有一个最为理想的程序模式，这一理想的程序模式就是有效的操作步骤。换言之，选择有效的操作步骤就是在条件认知后寻求解决问题的步骤。

3. 反复练习方法

在某些情况下，技能目标的实现要靠不断地反复练习进而掌握。因此，反复练习方法也是达到技能目标的一种常用的方法。研究表明，程序性知识的学习要达到自动化有赖于大量的练习，借助于练习促进知识的熟练和运用自如。当然，核心素养导向下，反复练习方法在使用时要注意采用集中练习与分散练习相结合的方式，要将练习与反馈合理地结合起来。

物理教师在教授某些定理或者思考方法时，会通过反复加强练习的方法来强调其在学生脑海中的记忆强度。例如，物理教师教授"比值定义法"，就会通过从各种方面提问学生比值定义的用法，要求学生思考同一匀速直线运动和不同匀速直线运动时路程和时间的比值是否相同，学生悟出了速度的本质特征，教师借此机会告知了学生比值定义法的内涵。接着教师又对此知识点进行拓展，物理学习中有很多地方会用到"比值定义法"，每次用到"比值定义法"时，教师都会引导学生思考原来的学习经过，不断强化学生脑海中对"比值定义法"的理解，促使学生能够熟练运用，并且认识到这一方法在物理学习中的地位。

在这里，教师就是借助于反复练习和强调，让学生形成利用比值法解决物理问题的技能，这就是技能目标达成的教学活动组织方法之一。

三、达成方法与过程目标的教学活动组织方法

过程与方法目标是教学三维目标中的关键目标，对另外两个目标的实现、学生创新能力的培养，以及学生综合素质的提高有着重要的作用。新课程理念和核心素养导向下，教学要求学生不仅知道简单的结论，更要知道一些过程。因此，核心素养导向下，过程与方法目标成为相当重要的三维目标中的一项。这一目标主要说的是两个方面：一是方法，二是过程。

那么何谓过程和方法？所谓过程，其本质就是以学生认知为基础的知、情、意、行的培养和发展过程，是以智育为基础的德、智、体全面培养和发展的过程，是学生的兴趣、能力、性格、气质等个性品质全面培养和发展的过程，也是学生核心素养的培养目标。所谓方法，即指学生在学习过程中采用并学会的方法，包括教学方法和学习方法。过程和方法在教学三维目标中是不可分割地联系在一起的，学生只有在过程中方能学到方法、掌握方法。在核心素养导向下，课堂教学活动的组织新方法具体表现为如下三种。

（一）自主学习引导法

自主学习是学生获得新知识的重要途径，是新课程标准提倡的"主动参与，乐于探究，交流与合作"的学习方式，更是培养学生核心素养的重要方法。在课堂教学活动中，运用自主学习引导法，让学生在教师的指导下进行自学，获得书本知识、发展能力，是达成教学目标和培养学生核心素养的一种极好的教学模式。因此，教师要有组织、有目的地引导学生开展自主学习，达成方法和过程的目标。

1. 要让学生明确自主学习目标，增强学生的自主学习意识

须知学生的自主学习，并非放任自流的学习，爱学什么就学什么，而是要明确为什么学、学什么、如何学。如此学生才能有目的地学习，进而形成向己的学习方法，并在学习的过程中提升能力，培养核心素养。这样的自主学习才是有效的。

2. 要给予学生指导，提升其自主学习的能力

中小学生由于受到心理和知识方面的限制，缺乏必要的学习方法，不能做到完全自主学习。因此，教师要引导学生掌握必要的学习方法和学习技巧，为其提供必要的自学指导，使学生知道自主学习的内容和方法、工具。因此，教师在运用这种方法组织课堂活动，达成过程和方法目标时，就要考虑知识的完整性，问题的设计要具体，可操作性要强；由浅入深，由易到难，使学生逐步掌握当堂课要掌握的知识。

数学教师在安排学生自学"平行四边形的判定"时就可以这样进行设计，首先指出需要学生自学的具体起止段落，思考两个问题：第一，如何画出平行四边形；第二，能否利用两个三角形全等的条件，根据平行四边形的定义证明出来。在这里需要注意的是，教师安排学生自学要给学生充分的自学时间，让学生有机会独立完成自学。另外，在学生自学时可以巡视学生自学情况，发现学生自己无法解决的疑难问题，对其中代表性的问题进行归纳总结，等学生自学结束后统一进行有针对性的讲解。

3.要营造自主学习的课堂教学氛围，从而提高学生自主学习的效率

心理学研究表明，人在情绪低落的时候，想象力只有平时的一半甚至更少；相反，在宽松、民主的教学氛围中，学生的创造性思维会得到最大限度发挥。为此，教师在运用自主学习引导法达成方法与过程目标时，要在课堂上建立亲和的对话平台和沟通对话渠道，聆听学生的见解，并能适时地赞同或指正他们的观点。这样一来，学生在课堂上不仅是学习活动的接受者，而且其主体地位得到充分体现，于是他们就会积极参与新知识探究的思维过程，学会独立思考，在目标达成的过程中，提升其核心素养和能力。

（二）合作学习引导法

合作学习是指为了完成共同的任务，在学习群体中有明确责任分工的互助性学习。其目的在于使每一个学生都尽可能地参与到学习活动中来，在积极的思考和解决具体问题的过程中找到解决问题的方法，从而实现其能力和核心素养的有效提升和发展。

数学课教师在引导学生进行合作学习时，首先用应用题创设问题情境，如假设一箱酸奶有 24 袋，要求学生计算 16 箱酸奶有多少袋。教师要求学生充分利用学过的知识，列出所有可能的解题方法。其次是合作学习步骤。学生首先独立解题，其次在提前结组的小组内进行交流，每个人都介绍了自己想到的解题公式，互相查漏补缺，小组选出代表在班内进行汇报。重点汇报的是提出了哪些解题方法、怎么想到的、有什么收获等。最后教师进行总结，引导学生思考各种解题方法的优缺点，找出最好的解题方法，从中归纳出解题思想。

运用合作学习引导法，学生不但在解决问题的过程中学到了方法，而且提升了能力，培养了其数学核心素养，达成了方法和过程的教学目标。不过，在运用合作学习引导法时，教师要注意以下三点。

一是要明确让学生进行合作的方法及合作的意义。为此，教师要教给学生合作学习的基本方法，如要进行角色的分配，根据个人个性、特长等开展

合理的分工，从而让每个学生都获得平等参与的机会等。如此一来，每个学生才能在无数次反复演练中找到自己合适的位置，或者说去适应某个角色，从而令合作学习活动达成方法与过程的教学目标。

二是要注意营造自由自在的学习氛围，并在学生合作学习过程中控制讨论的局面。教师要注意观察学生在讨论中是否发生了人身攻击行为，是否有人垄断发言权而有的人却一言不发，是否有人窃窃私语，以便及时调控。

三是要把握开展合作学习方法引导的时机。在课堂教学活动中，教师在运用合作学习引导法达成方法与过程目标时，要注意时机把握的科学和恰当。教师要在教学中努力达到让学生"既竭吾才，欲罢不能"的地步。当大多数学生都踊跃发言，每个学生都想把自己的想法和感受说出来的时候，教师运用合作学习引导法，如此学生在独立思考和交流的过程中才能提升学习效果，才能达成教学目标，才能培养和形成学生的核心素养。

（三）探究学习引导法

探究学习引导法，又称探究法、发现法，是指学生在学习概念和原理时，教师只是给他们一些事例和问题，让学生自己通过阅读、观察、实验、思考、讨论、听讲等途径去主动探究，自行发现并掌握相应的原理和结论的一种方法。这种方法要求在教师的指导下，以学生为主体，学生自觉、主动地探索，掌握认识和解决问题的方法，研究客观事物的属性，发现事物发展的起因和事物内部的联系，从中找出规律、形成概念，建立自己的认知模型和学习方法架构。它是一种积极的学习过程，是学生在学习中自己探索问题的学习方式。在这一教学活动过程中，学生的主体地位、自身能力都得到加强，其核心素养自然可得到培养和提升。

运用探究引导法组织课堂教学活动，在达成方法与过程目标时要注意以下两点。

一是明确课堂教学的三维目标，认真组织并实施探究学习引导法，如此方能让课堂吸引学生。这种课堂活动组织模式不仅有利于培养学生的学科兴趣，促使学生产生探究的欲望，提升自主学习的积极性，而且可以引导学生关注社会动态，培养学生的创新思维和批判思维。而这正是核心素养培养的内容。

二是教师要根据课程标准和核心素养培养的要求对教材进行适当的"剪裁""增补""加工"，即整合教材，使之更适于探究学习引导法的实施。所以，在用探究学习引导法组织课堂活动时，教师要围绕新课标和核心素养对教材内容适当整合，把关注的重点放在调整教材内容或活动的设计上；同时还要做好教师对学生自主学习的引导工作，探究学习引导法提倡让学生在自主学习中探究、理解和运用知识，从而有利于激发学生的学习兴趣，培养学生的自信心，发展学生的个性特长，并逐步培养学生的责任感，这是极其有利于培养学生核心素养的。但同时，教师要注意在学生充满兴趣地思考、争辩、探究时，要给予他们适时的引导，避免活动盲目和课堂秩序的混乱，更不能对学生放任自流。

四、达成人文目标的教学活动组织方法

人文目标，即三维目标中的情感、态度与价值观目标。情感，即人的社会性需要是否得到满足时产生的态度体验，其表现为情绪、热情、兴趣、动机、求知欲和美的体验。态度是指学习态度、学习责任、乐观的生活态度、求实的科学态度、宽容的人生态度等。价值观是指学生对教学中问题的价值取向或看法。它不仅强调科学价值与人文价值的统一，强调人类的价值，更强调人类价值与自然价值的统一，从而让学生在内心确立真、善、美的价值追求及人与自然的和谐可持续发展的理念。总之，在三维目标达成过程中，人文目标的达成要以知识与技能目标为主线，并渗透其中，充分体现在过程与方法目标的实现过程之中。鉴于此，在核心素养导向下，教师可以采用以下方法，创新组织教学活动，进而达成人文目标。

（一）情感教学法

情感教学法，就是教师在对教学活动的组织中，善于运用情感因素激发学生的情感，进而达成三维目标中的情感、态度与价值观培养目标。在语文课、

英语课、历史课等社科类课程教学时更倾向于使用这种教学方法。尤其是历史课教师在讲述中国近现代史上的"戊戌变法"时可以使用这种方法，设置的知识能力教学目标是要求学生了解戊戌变法的背景，培养学生分析和比较能力；情感目标是通过对戊戌变法这一历史事件学习，使学生认识到当时中国所面临的严重的民族危机，培养学生的爱国主义情怀。教师在教学过程中不仅依据教科书教学，还增补了各种课外历史材料，使当时的人物更加立体，事件经过更加详细，减少距离感。

在教学过程中，针对情感、态度与价值观这一人文目标的达成，教师在教学中于两处精心运用了情感教学法，以激发学生的情感：一是在对《马关条约》中2.3亿两白银赔款的危害进行分析时，教师补充了当时清朝和日本的年财政收入数据，补充了清政府为赔款大借外债的数额和还款数额；二是教师在对《马关条约》中割地条款的危害进行分析时，用投影展示了列强划分势力范围的地图。在这一教学过程中，情感教学法让学生感受到了当时的民族危机，教学目标自然达成。而学生在此过程中也清楚了何为爱国、何为历史责任感，从而实现了对学生核心素养的培养。当然，运用情感教学法还要注意以下三个问题。

第一，要与教师的个人魅力结合起来，与教师的美德相结合，促进情感、态度与价值观的达成。

钱梦龙先生在一次上课时，请学生站起来回答问题，学生声音非常小而且回答错误。钱先生没有指责他，而是走到他身边仔细倾听后说，我明白你的意思了，我把你的意思大声重复一遍，你看看对不对。然后钱先生大声说出了正确的答案，问学生是不是他的意思，学生表示肯定。钱先生这时候又请这位学生大声重复了一遍正确答案，鼓励他说得正确。

钱先生的这种教学活动组织方法，就是情感教学法。他给学生以自尊，促学生以自强，运用爱的行为纠正学生的错误，引起学生情感的震动和觉醒，创设和蔼、宽容的教学情境，升华教学的情感功能，于是就自然达成了对学生进行人文教育的目标，培养了学生的核心素养。

第二，要以一定的知识技能为基础，让学生经历一定的过程体验，从而促其情感、态度与价值观目标的达成和核心素养的培养。

第三，要借助于一个点，可以是人，也可以是事，或者是一组简单的数据、图片，总之无论是何种形式的点，都要促成学生情感的调动与态度的养成，达到教学目标，促进核心素养的培养。

（二）角色扮演法

角色扮演法，是指教师依据教学目标，重置情景，让学生采用角色扮演的方法，达成情感、态度与价值观目标。简言之，这一方法就是让学生模拟生活、学习情景，让其在特定的学习、生活情景中去感受、体验和表现，将其感觉充分体现出来，引起强烈的共鸣。这不仅有助于达成教学目标，而且还有助于锻炼学生的能力，实现对学生核心素养的培养。于是当学生自然产生情感倾向和价值观的取舍的时候，新教学就达到"潜移默化"的境界了，而学生的学科情感也就"水到渠成"了。

要注意的是，角色扮演法更多地运用于中学文科，如历史、地理、政治等，或是小学的教学活动组织中。在运用的时候要注意科学而恰当，要为达成教学目标和培养学生核心素养服务。

（三）激趣启思法

激趣启思法，就是借助于特定的话题或情境，激发学生的学习兴趣，进而使之在兴趣的驱使下思维达到活跃状态，进而实现情感、态度与价值观目标。

数学教师在训练学生的思维能力时就可以借助某个真实情境，要求学生解决实际问题，以此来调动学生积极性。例如，在讲授"黄金分割"时先让学生观看建筑物、舞蹈和五角星图案的图片，让学生选出来他们认为最美的图片，又拿出几幅图片让学生通过对比找出如果想让图片更美该怎样修改或调整构图。学生在此情境下非常活跃，采用各种思路来调整构图，气氛热烈。此时教师进行理论指导，归纳总结了黄金分割理论，让学生印象深刻。

探究的兴趣是引起探究活动的前提，当然学生学习兴趣的引发要靠教师精湛的教学艺术，同时教学情境的巧妙创设也是必不可少的。在特定的情境内，教师的巧妙点拨、灵活引导，会使课堂教学在智慧与智慧的碰撞、价值观与价值观的相互启发与提升的过程中深刻起来。具体的方法，在后面的专题中会详细讲解。

（四）合作互动法

关于合作学习引导法在前面已经提到过，而此处所说的合作互动法，与合作学习引导法有异曲同工之妙，在此就不多说了。要强调的是，在人文目标达成的过程中，运用合作互动法，要明确的是合作是互动的前提，只有师生之间、学生之间教与学建立起一种合作的关系，才会进行有质量的互动。互动的核心就是整合教学过程的各要素，使教师的教与学生的学产生共鸣。只有这样，教学才能生动起来。于是在互动过程中，人文目标得以达成，学生的人文素养得以培养和提升。

第三节　基于核心素养的教学活动组织原则

核心素养的提出，可以说是课程改革的创新点和突破点。其创新表现在以核心素养为统摄，贯穿课程目标、课程结构、课程内容、教学实施，以及教学质量标准与评价的整个过程中，使教育"立德树人"的育人价值更加凸显。其突破表现在，将课程"三维目标"加以整合，使之在核心素养导向下，在整个教学过程中得以完整体现。为此，课堂组织教学活动要创新，要实现对学生进行核心素养的培养，就要注意遵循以下原则。

一、让解决问题这一学习本质得以回归

学习的本质就是解决问题，只有在解决问题的过程中，人的思维才得以发展，人的能力才得以提升。纵观人类社会发展史，无论是思想发展史、社会进步史还是科学发现史、技术革新史，无一不是在不断发现新问题中解决问题，又在解决问题中发现新问题的；而对于每一个独立的个体来讲，都是在不断地自我追问中寻找到自己的精神家园。为此，教师要深刻理解人学习

的目的，从而让教学回归到学习的本质。于是当学生置身于现代知识的海洋中，他们才能不迷失自己，才能在问题探求的过程中找回自己应有的智慧，提升自己的核心素养。

二、让问题化学习的方式回到课堂

传统教学以讲授为中心，而新课程标准指导下的课堂，要实现对学生核心素养的培养，就要转变为以学习为中心的课堂，用问题化学习引导学生走进课堂，使教学以学生学习为主线去设计，让学生真实的学习过程可以发生并且展开。

数学课上教师要求学生根据一箱苹果和箱子的质量，以及半箱苹果和箱子的质量，求出箱子的质量。当学生独立思考时，教师发现只有部分学习成绩较好的学生得出了答案。面对学生理解程度不一的情况，教师没有立刻开始讲授，而是要求解答出来的学生在黑板上画出来整个思路，当数学问题用图示的方法表达出来时，大部分学生也一下子豁然开朗。

这次教学中，教师在大多数学生不理解时，并没有直接讲解，而是引导学生画出直观图，自主分析，用多种方法解决，并能清楚地表达自己的想法，学生数学思维能力得到了训练和提高。从案例中可以看出，引导学生画图，是学生分析较复杂数量关系的关键。因此教师在解决问题的教学中，要培养学生画图的意识和能力，进一步提高学生解决问题的能力。

这一案例提示我们，教师在教学中要强调问题化学习，以真实的问题形成问题链、问题矩阵，让学生在学习中，在对问题的追寻中，慢慢形成一个知识结构——从低结构到高结构，从本学科的结构到跨学科的结构，从知识到现实生活。同时，教师引导学生在问题化学习的过程中，以认知建构的方式去重组问题、重组内容，让学生在问题与问题的联系中，在综合地带和边缘地带，进行知识的碰撞，进行知识与知识之间的联系。同时，教师还要注意将问题化与情境化紧密联系起来，问题于情境中产生，而真实的生活情境得以让学生将在学校学到的知识与现实生活联系起来，从而实现对学生核心素养的培育，为核心素养的培养打下坚实基础，让知识这一素养的媒介和手段得以转化为素养。

三、让活动课程成为教学的主要模式

在核心素养导向下，教师要组织课堂活动，就要注意大力倡导和精心设计学科活动。须知，学生的学科能力和学科素养是在相应的学科活动中形成和发展起来的。而学科活动可以让学生亲身经历与学科知识建立联系的过程，从而体验知识的获得，进而通过经验的获得来重构知识。在此过程中，学生在参与活动的同时，其主体性得到体现，其主动精神获得尊重，因而成为主动活动的主体。

在核心素养导向下，教师在组织课堂活动实现三维目标时，要注意体现校本性，要结合不同区域和环境的特点选择资源和组织活动，精心设计活动，充分体现活动的教育性，同时注意在核心素养目标下，结合学科内容和特点设计活动。

四、体现规划学科及其跨学科的特点

对于教师而言，要落实对学生核心素养的培养，就要规划好学科教学课程设置，注意抓住学科课程中跨学科的特点。学科课程是基于学科的逻辑体系开发的，其用意在于让学生掌握学科知识的间接经验。而学科课程中会出现一些跨学科课程的内容，它们是学生获得直接经验的过程，其关注的是学生面对真实世界时的真实体验和直接经验，需要学生与社会生活结合，需要学生调动已学的书本知识。这一课程内容有利于学生获得对世界完整的认识，有利于培养学生的创新精神和解决实际问题的能力。

第四章　基于核心素养的课堂教学对象

教学是师生的双边活动，核心素养导向下的课堂教学，要求充分发挥学生的主体精神，因此教学中学生的学习活动对于培养学生的核心素养起着极其重要的导向作用。为此，在核心素养导向下的课堂，教师要围绕核心素养的培养，创新安排和引导学生进行学习活动，从而让学生在活动的过程中提升能力、培养素养。

第一节　学生自学活动与核心素养的培养

核心素养导向下的课堂学习活动，首先强调的就是学生学习的自主性、主动性。因此，组织学生自学活动，对于核心素养的培养意义重大。

一、学生自学能力与核心素养的关系

核心素养是学生在接受不同教育的过程中，逐步形成的适应个人终身发展和社会发展需要的必备品格与关键能力。从前面对于核心素养导向下课堂教学方法的介绍，我们可以看到，这些教学方法无一不强调对学生学习能力（尤其是自学能力）的培养，而这正是核心素养培养的目标之一，也是核心素养导向下教学的新要求之一。

（一）自学能力是核心素养培养的本质及核心

自主学习作为核心素养体系的核心及本质，在核心素养体系构建中具有发展作用。对自主学习理论的研究及教育实践已经证明，以自主学习能力作为切入点，借助自主学习能力引导，可以推动学生核心素养的形成和发展。

（二）自学能力是提升学生学习竞争力，使其形成终身学习能力的前提

自学能力，突出表现在学生的自学意识上，而这一意识影响学生的学习主动性和内驱力。从这个角度看，自学能力和自主学习意识，不仅有利于学生养成较好的自主学习习惯，还有利于其在之后的学习阶段中保持较好的学习竞争力，进而形成终身学习的习惯与能力，提升自我价值感，进而实现核心素养的培养要求

二、课内外学习巧妙配合，渗透素养培养

自学能力是学生核心素养的重要组成部分。那么针对这种核心素养的培养，教师在教学中就要科学地安排和引导学生，让学生在学习活动中，提升自学能力，找到自学方法，形成自学习惯。具体来说，核心素养导向下安排课堂自学活动，可以从以下几方面入手。

（一）课前有效预习，提升自学能力，培养核心素养

自主学习能力是核心素养培养的一个重要内容，因此教师要培养学生的自主学习能力，可以采用课上强化、课前预习的方式提升学生的自主学习能力，从而培养其核心素养。

数学课要安排"等腰三角形的性质"这一部分的预习时，教师可以在教学设计中进行如下设置。

①根据图形和给定的条件得出答案。

②在做对第一题后继续做练习：等腰三角形有一内角为 75°，那么顶角为多少度；等腰三角形有一内角为 100°，那么底角为多少度；等腰三角形有一外角为 75°，那么顶角为多少度；等腰三角形有一外角为 100°，那么顶角为多少度。

③做对第二题后在预习本上试着画出来。

教师在课前预习任务中，将关于教学目标和教学内容的重点一一落实，让学生在预习的过程中有重点、有步骤地组织、完成问题，提升自学能力。

如此一来，教师在课堂上就可以结合预习内容，有针对性地进行提问，让学生在验证自己的预习效果的同时，发现问题并有针对性地解决问题。在此过程中，学生获得自信心和自我成就感、自我价值感，进而实现核心素养的培养目标。那么，利用课前预习环节，结合课堂提问培养学生的学科核心素养时，要注意哪些问题呢？

1.尊重个体，提升素养

教师要在设计预习题时，从尊重学生个体出发，围绕学生的日常体验，设计出有实效或有创造性的课前预习活动（或作业）预案，使学生乐学，富有活力，从而培养学生良好的数学预习习惯，提升学生的学科素养，也为课堂教学有效实施进行顺利的衔接打下基础。

2.注意"五性"，渗透素养

要注意课前预习作业突出"五性"，即操作性、差异性、点拨性、趣味性和反馈性。操作性，是指预习作业要具有强烈的指向，要求要具体，作业要便于操作和展开自学，以免影响学生的预习兴趣和预习效果；差异性，是指预习作业要充分考虑学生们在兴趣爱好、个性特点、意志品质、学习方法等方面存在的个体差异，分层设计，让不同层次的学生均可获得提高，并保护其学习的积极性；点拨性，是指预习作业设计的问题要小，要将"新知"的学习蕴含在其中，从而"牵引"学生去发现、去思考、去探究，激活学生认知结构中的相关信息，为学习新知识做好心理和知识上的准备；趣味性，是指预习作业要让学生真正地体会到知识来自生活，感受到学习的乐趣及知识与生活的联系；反馈性，是指要将"预学案"作为课时学案设计的一部分，与课时教案衔接，并在课时讲授时针对预习作业设计问题，从而让预习既培养学生自学能力，又服务于课堂教学。如此一来，核心素养的培养就从课外延伸到课内，素养的培养渗透到了学生学习的各环节中。

（二）课中有效提问，教给学生自学方法，体现核心素养的培养

预习作业要具备反馈性，即要与课内教学相呼应，从而让二者结合，共

同实现教学目标，培养学生的核心素养。那么，如何让课内自学活动与课前预习结合起来，体现对核心素养的培养呢？那就要借助于课中的有效提问。

教师在安排语文课文《城南旧事》的预习作业时有如下设计。预习课文后完成两个任务：①我最想问的问题；②运用思维导图的方式整理林海音童年的画面。在课堂上教师针对预习进行讲解，学生总结出来最想问的问题都是对于课文中骆驼、驼铃描写的疑惑。例如，作者明明喜欢骆驼为什么把骆驼形容得那么丑。教师还指导学生对画出的思维导图进行归类合并。

从教师的提问中可以看到，教师引导学生借助于预习任务梳理了全文的内容，激起了学生的阅读兴趣，而且在此过程中，教师运用了对比、展示等多种方式，让学生自主学习的习惯和能力在无形中得到提高。

这一案例提示我们，在展开学生自主活动的课堂提问时，要注意与预习作业相呼应，以期共同对达成教学目标、培养学生的自学能力产生作用。那么，在课堂教学活动中，教师在运用有效提问提升学生的自学能力时，应该如何操作呢？

1. 激趣提问

在课堂提问中，教师可以运用激趣提问，激发学生的学习兴趣，创造主动愉悦的情境，进而让学生带着浓厚的兴趣去积极思考，以增加学生思维活动的愉悦氛围，使之主动学习、自觉学习，培养其自学能力。

语文教师在讲《猫》这篇课文时，导入阶段是让学生聆听音频后并询问他们是什么声音，学生听出来是猫叫后，对于猫叫非常有兴趣，纷纷模仿起来。在学生热烈的学习气氛中，教师借此机会导入要讲的课程。学生已经被调动起来极高的学习兴趣，学习能力得到了很大提高。

2. 迁移提问

相当多的学科知识不但在内容和形式上相似，而且它们之间还有着密切的联系。教师就可以针对这种情况，在提问旧知识的基础上，有意设置问题，让学生将已经掌握的知识与思维方法迁移到新知识的学习中。这样一来，不但检验了学生预习的情况，而且教会了学生学习方法，让他们学会知识的迁移，无形中形成知识网络，其自学能力自然也就获得了提高。例如，某数学老师在讲"一元一次不等式"时，首先问学生："解一元一次方程的步骤是什么？"其次再问学生："同学们能用解一元一次方程的方法来解不等式4x-7>1吗？"借助于这样的问题，学生原来所学的解一元一次方程的步骤就被迁移到了解一元一次不等式上来，学生的学习能力就得到了提升。

3. 发散性提问

发散性提问就是教师提问并鼓励学生可以用多种方式来解答问题，教师要求学生做减法提问时，第一个学生说："被减数是37，减数是18，差是多少？"教师询问学生是否有别的说法，第二个学生想到了用总数和部分来提问。在教师的继续鼓励下，第三个学生想出来用比较法来描述这个问题，多多少或者少多少。第四个学生开拓思维想出来用已知两个加数的和及其中一个加数，求一个加数的方式来提问。

从这里看出，教师借助于发散式的提问，引导学生不断进行发散思维，想到解决问题的方法，进而对于培养学生的求异思维能力很有帮助。这也体现了课堂提问对学生学习能力的培养。

4. 探究提问

数学教师在应用题解题过程中进行探究提问。例如，一道应用题题目是"某服装厂计划4月份做西服1500套，前X天平均每天完成5套，余下的平均每天应该多做60套，才能按时完成任务"。教师开始一步步提问学生，首先问余下的平均每天应做多少套？必须先求什么？学生回答应该先求余下要做的套数和剩余的天数。教师就问要求余下要做的套数应该先求什么。当学生知道应该先求已经做完的套数时，教师进一步提问怎么求，就这样一步一步追问下去，学生顺利完成了解题过程。

在这一提问过程中，教师采用的就是探究式提问。这种提问方式是根据事情的结果，对事情的原因、经过进行寻究性设问，激发学生的求知兴趣，培养学生的学习能力。由于这样的提问是从题中所求的问题出发的，于是教师借助于适度的暗示和引导，让学生自己根据题意，逐步探求一个个中间问题，从而达到解决问题的目的。这就是对学生自学能力的培养。

第二节　合作学习活动与核心素养的培养

在课堂教学活动中，学生除了要进行自学活动，即独立完成对相关问题的思考和学习，更多的时候，教师可以采用合作学习的方式组织教学活动，从而提升学生的能力，达成对学生核心素养培养的目的。

一、合作学习与核心素养培养

学会学习是六大核心素养之一，而合作学习对于培养学生的学习能力，对其终身学习的影响相当大。这要从合作学习对于核心素养培养的意义来看。

（一）合作学习有助于发展学生的主体性，培养学生的学习能力和信心及创造性思维，有利于核心素养的培养

合作学习能从许多方面促进学生更加生动活泼地学习。教师应该从学生主体的认识特点出发，巧妙地运用学生之间的互动，把大量的课堂时间留给学生，使他们有机会相互切磋，共同提高。在这一过程中，学生的主体性得到体现，他们会产生求知和探究的欲望，教师也真正成为学生学习的促进者，每个学生都有机会发表自己的看法，这对于发展学生的解题思路、增强学生的自信心、培养学生的创造性思维十分有利。

（二）合作学习所倡导的人际关系有利于提升学生的人际沟通能力

合作学习倡导教师与学生、学生与学生、教师与教师进行多边互动，是对现代教学人力资源的有效开发和对课堂教学互动理论的创新与发展，更是着眼于学生未来发展的学习方式，因此有利于培养学生的核心素养。

（三）合作学习从多角度提升学生的学习能力，实现对其综合素质的培养

学生在进行合作学习时，彼此之间相互交流、相互尊重，每个人都有机

会发表自己的观点和看法，因此会感受到学习的愉悦。于是这种学习方式将个人之间的竞争转化为小组之间的竞争，有助于培养学生合作的精神和竞争的意识；有助于因材施教，真正实现使每个学生都得到发展的目标。同时，在合作学习中，由于有学生的积极参与，高密度的交互作用和积极的自我概念使教学过程不仅促成学生认知发生改变，而且可以培养学生的人际交往与审美能力，于是不同类型的学生的潜能得到充分的发挥，有利于学生张扬个性和满足自身心理需要，增强信心；在合作学习活动过程中，学生能体会到彼此之间的关心和帮助，培养合作精神和竞争态度，并在师生多维互动、相互砥砺、取长补短的过程中达到在和谐中进取的境界。

总之，学生发展核心素养，是学生应具备的、可以使之适应终身发展和社会发展需要的必备品格和关键能力。建立在现代社会心理学、教育社会学、认知心理学和现代教育技术等理论基础上的合作学习，是当代社会每个人必备的素质。它以研究和利用教学中的人际关系为基点，以目标设计为先导，以师生、生生合作为基本动力，以小组形式为基本教学形式，组织学生进行课堂活动，从而改变学生的学习方式，使之由被动学习变成主动学习，进而引导学生形成多样化的学习方式，成为培养学生核心素养的一个重要的手段。

二、核心素养导向下合作学习活动的特点

合作学习这一课堂学习活动方式在核心素养背景下呈现出其独有的特点。这些特点表现在它是取多种论述、实践整合而创生的新样态，立足于处理好三个关系——合作的起点与终点之间的关系、合作的手段与目的之间的关系、自学与合作学习的关系。

（一）小组组成特点发生变化

核心素养导向下的合作学习，其组织形式发生了变化。这表现在其从固定的小组走向动态的自组织，同质小组、二次分组、流动分组、访问小组、小组年级拼班学习等具有实效性的动态小组成为常态。而出现这些变化的原

因，就是针对传统的合作学习活动中的形式化、过程化等问题，防止产生"审美疲劳"。

（二）活动过程发生变化

核心素养导向下的合作学习，其活动过程发生了变化：从达成共识到发现不同，从展示答案到分享问题和思考，从关注学生会的（懂的、正确的）到关注学生不会的（不理解的、错误的），从关注"群学"到关注"独学"，课堂是以自学为始、以自学为终的。这些特点的出现，均不同于传统的合作学习，它让学生自主学习产生合作学习的需求，让学生自主学习消化合作学习的成果。而在此过程中，合作学习只是手段，是为学生的独立学习服务的，其最终目的是让学生实现深度自学。

（三）活动过程中侧重点发生变化

核心素养导向下的合作学习，其活动过程中的侧重点发生了变化：从关注表达到关注倾听，从而让展示成为习惯再构建、强调倾听关系更有意义；从关注是否交流到关注交流是否达到一定的深度；从关注说的内容到关注听的结果；从关注学会说到关注学会问。于是在这种侧重点的变化中，活动各方彼此的关系拉近了，借助于倾听，一方可以在另一方观点的基础上去思考，并形成两方面思维和经验的连锁，从而将学习和合作引向深入。

（四）活动的结果发生了变化

核心素养导向下的合作学习，合作学习活动的结果也发生了变化。从关注解决问题到关注提出问题，过程成为关注的对象，从而让学生经历真实的提取有效信息、抽象、建模的项目学习，让其成为发展学生的核心素养的重要载体。在这一结果的变化过程中，单一性的同步学习转化为跨界异步混合性学习，于是学生可以选择适合自己的学习方式、学习形态，进而实现内容、目标的异步学习，变被动的统一学习为个性化的主动选择学习，进而实现核心素养的提升。

总之，核心素养导向下的合作学习活动，开始从浅表层合作课堂走向深度合作课堂，成为协同学习、心灵成长、精神发育的学习、心灵、精神的综合成长共同体，为学生创新创造心理环境，促使学生发生质的变化，进而实现"课堂定位从知识、能力立意走向思维、智慧立意"的有效抓手，让学科知识成为形成学科核心素养的载体，使学生成为课堂研究的直接受益者，促进其核心素养发生根本变化。

三、核心素养导向下合作学习活动的要求

核心素养导向下的合作学习活动表现出新的特点，因此其对教师组织合作学习活动也提出了新的要求。

（一）关注倾听规则的建立

教师要让学生在合作学习过程中，通过记、做、思等途径学习、践行，并将其逐渐内化为学生的自觉行为，即学生在合作学习时，要形成正确的倾听概念和倾听思维模式，并在活动时随时检验。为此，在合作学习活动中，教师要用心倾听学生的各种语言（包括身体所发出的无声语言），感受学生在课堂中思想的起伏波动，与学生的想象产生共鸣，从而使师生共同走向创造性的学习。教师要重视倾听的礼仪，注意活动中的体态，用恰当的体态语言与他人交流。

（二）关注倾听与沟通习惯的养成

教师要注意引导学生意识到倾听是一种技能、一种素养，要从倾听的礼仪、态度、规则、方法、行为、习惯等方面培养学生，使之形成习惯，并在活动中自觉遵守。例如，学生在合作学习课堂上进行控制性发言，在相互倾听中，了解他人的想法，欣赏他人的想法，体味他们的情感，从而将学习和合作引向深入。

（三）要遵循活动的基本原则

合作学习必须建立在独立思考、自主学习的基础上；合作学习必须给予学生充足的时间，内容必须科学选择；合作学习小组成员之间地位应该平等，

在小组汇报时，小组成员尽量轮流发言，或采取激励措施鼓励潜能生发言；要对全体学生进行新的学习方式（如自主学习、合作学习、探究性学习）的培训；对小组、学生个人在合作学习中的表现要给予评定、考核。

四、核心素养导向下合作学习活动的形式

合作学习的方式因为合作的目的而出现不同的形式，一般来说，核心素养导向下的合作学习活动的形式无外乎以下几种。

（一）问题式合作学习

问题式合作学习需要教师设计好问题情境，引导学生在解题前进行分组，然后合作解题。例如，教师在课上布置了两个活动，第一个活动是为学校广播站招聘记者，三名同学报名参加了三项素质测试，需要按平均成绩进行排名，如果不按平均成绩排名就要按照题目要求的三项素质测试所占权重比例计算三人成绩并得出排名，教师请学生比较两种排名方式的不同之处。第二个活动则是计算两位老师的幸福指数，该指数一般由身体质量、工作质量、生活质量三项指标组成。活动给出的表格反映张老师、李老师幸福指数的三项指标得分。要求学生按照给定的身体质量、工作质量、生活质量的"权重"计算哪位老师的幸福指数高，高多少。活动还指出，有的同学说只要把生活质量的"权"选取得足够大，李老师的幸福指数就高于张老师的幸福指数。教师要求学生仔细观察两位老师各项指标的得分，判断这名学生评价两位老师幸福状况的做法是否客观合理。

在阅读活动内容后，各小组开始讨论，讨论过程中教师只是在各小组之间进行巡视，根据情况进行引导而没有直接回答学生的问题。组内成员之间按照各自职责有的负责纪录，有的负责查漏补缺，有的负责检查纠正，之后选出小组代表在班级讨论中发言。

这位老师考虑到这节课与学生生活息息相关，主要是会求一组数据的加权平均数，理解算术平均数和加权平均数的联系与区别，并能利用它们解决一些实际问题。于是为了增强学生的学习兴趣，这位老师采用了小组活动形

式，把课堂交给了学生。于是就出现了上面这种问题合作式学习形式。由此可知，问题式合作学习是指教师和学生就某些问题进行讨论的合作学习形式。在活动过程中，师生之间、生生之间可以互相提问、互相解答、互为老师，既答疑解惑，又能激发学生的学习兴趣。这种合作学习模式不但让学生获得了成长的空间和展示自己的机会，而且培养了学生的自学能力，提升学生的综合素质，达到培养学生核心素养的目的。不过要注意的是，教师在实施这种方式教学时，要根据学生的学习心理特征设置问题。

（二）表演式合作学习

表演式合作学习即通过表演的形式，激发学生的学习兴趣，培养学生自主探究的学习品质，或作为课堂的小结形式，检验学生对所学知识的理解。

历史课、语文课、英语课都可以通过表演式合作学习来激发学生的学习动机。例如，历史课上学生通过分组分任务来完成历史剧《甲午战争》的演出。课堂合作学习活动采用了表演历史剧的方式。借助于这种方式，学生们对相关史实有了一定程度的感性认识，在此基础上相互提问和解答，学生在主动体验和感受的过程中，学习和探索了教材中的主要问题。这是自觉、能动、创造、智慧的结晶，更是学生核心素养的表现。

（三）讨论式合作学习

讨论式合作学习，即让学生对某一内容进行讨论，在讨论的过程中实施自我教育，以达到完成教学任务的目的。

当学习课文《蟋蟀的住宅》时，教师提出"蟋蟀的住宅是一个伟大的工程"这样一个观点让学生进行讨论。学生说法不一，有的赞同，有的反对，觉得蟋蟀只是一个小昆虫怎么可能有伟大的工程。针对这一个问题，教师组织学生开展了讨论活动。学生自愿结组，每个人都发表自己的看法，最后由小组组长进行记录并最终在黑板上写下观点。讨论过程中教师巡视各小组的讨论现场，但是不参与讨论，只是聆听学生意见。讨论时间结束后，各小组组长进行汇报。教师和学生一起点评各小组汇总的意见，最后由教师进行总结归纳。

合作小组活动形式就是讨论式合作学习。这种课堂小组讨论学习，主要是就一个问题以小组为单位展开辩论的学习活动。它的主要过程是提出论题—小组讨论—课堂辩论—解决有争议的问题，课后学生写出论证报告。具体来说，开展课堂小组讨论的环节如下。

第一步：提出论题。

合作学习小组论题的确立是合作学习的第一步，论题的确定可以由学生通过自己的学习体会提出，也可以由教师根据学生的学习情况设计一些问题。

第二步：小组讨论。

论题确定后，针对那些有争议性的问题，在课堂上前后 4～6 人为一组进行讨论。首先，全组同学统一观点，确定论题。其次，学生根据自己所学的知识进行讨论、论证，同时有学生记录大家的发言。最后，大家将论据总结一下，由语言表达能力强的学生做好发言准备，其他学生做好补充发言的准备。

第三步：全班交流。

学生自由发言，激烈辩论，阐述自己的观点和论据。教师适时鼓励，调动学生讨论的积极性，使尽量多的学生参与进来。在辩论中，真理越辩越明；在辩论中，学生自主分析；在辩论中，学生积极参与。学生积极地辩论，再加上老师的适时点拨，学生在辩论中学到知识。

第四步：课后写论证报告。

在合作学习活动课堂上，对于有的问题，学生争论激烈，各执一词，谁也无法说服谁。教师可以指导学生在课下继续查找资料，写出论证报告。

总之，学生在课堂上通过这种小组合作学习进行积极主动的探讨，自主学习知识，发现学科发展的规律和学科知识的内在本质，进而在民主、开放的气氛中培养自己的能力和素养，以便适应开放的社会对开放型教育的要求。

五、核心素养导向下合作学习活动的组织时机

核心素养导向下的合作学习，因其更加注重学生的学习过程，注重对学生能力的培养和核心素养的提升，因此科学地运用这种课堂活动方式，将核

心素养培养渗透其中，可以起到学科教学与核心素养相配合的作用。那么，这种合作学习活动应该在什么时候组织呢？

（一）在可创新处组织合作学习活动

学生在课堂教学活动中遇到"开放性"问题时，由于答案不唯一，而个人的思维能力又有限，这时就可以借用小组合作活动的方式群策群力去解决问题。

（二）在需要集思广益处组织合作学习活动

在课堂教学中时常会遇到比较复杂的问题，这时教师适时组织学生合作交流，不仅能激发学生的求知欲，还能促使他们感受到个人与集体的关系，从而产生学习动力，达到培养核心素养的目的。

（三）在疑难处组织合作学习活动

合作学习活动可以使学生共同扇动合作的翅膀，使之飞向知识的广阔天空。但是由于学生的知识技能和生活经验有限，因此他们在学习新知识时往往会遇到困难，这时就可以组织合作学习活动，以帮助他们群策群力解决问题。

（四）在需要思辨处组织合作学习活动

当今的中小学生都极具个性，每个学生都渴望自己的观点能被肯定，但又不善于有理有据地阐述自己的观点。因此，教师不妨将有争论价值的问题适时下放到小组中，让持有相同意见的学生合作解决后再与持相反意见的学生展开辩论，于是学生就会在辩论中明晰正误。同时，在辩论过程中，学生不但提升了能力，还学会了尊重与理解，碰撞出智慧的火花。辩论能激活所有学生的思维，提升学生的整体认知水平。

例如，数学课上教师组织学生复习"平面图形的面积计算方法"。就会通过应用题来测试学生的掌握程度，教师给出图形周长，要求学生计算在一定周长的情况下，什么样的图形面积最大。学生开始利用自己头脑中的经验进行猜测，有的认为是长方形，有的认为是正方形，有的认为是圆形、三角形等，教师在这时启发他们可以都试一试，并要求他们进行小组讨论，于是学生分别把自己认为正确的图形画出来，再计算面积。学生展开了激烈的争论，经过穷举法举出了所有可能的答案并进行计算后，学生最终根据实践结果，确认在一定周长的情况下半圆形面积最大。

在小组合作交流中，通过思考和辩论，学生既进一步对新问题做出完整的解释，完善了认知结构，同时也培养了取长补短的好习惯。

（五）当需要把学生的自主学习引向深入的时候

学生在自主学习的过程中，经常会对一些学习内容理解不够深入，这一方面是由学生的经验不足所决定的，另一方面则是由于学生对学习内容的理解存在困难造成的。因此，教师可以在此时组织合作学习活动，从而让问题在合作学习中得到解决。

第五章　基于核心素养的课堂教学技术

心理学家让·皮亚杰（Jean Piaget）曾经说过："一切有效的工作必须以某种兴趣为先决条件。"孔子也曾说："知之者不如好之者，好之者不如乐之者。"这里的"乐"指的正是"兴趣"。相比于传统教学，教学媒体辅助下的课堂教学，在培养核心素养方面充分凸显了其优势。因此，核心素养导向下的课堂教学创新运用教学媒体，对于核心素养的培养起着事半功倍的作用。

第一节　教学媒体技术及其对核心素养培养的意义

教学媒体是在教与学活动过程中所采用的媒体，是指在传播知识、技能和情感的过程中，储存和传递教学信息的载体和工具。它对于核心素养的培养有着积极的意义。

一、教学媒体的种类

随着信息技术的发展，传统的教学方式已经无法适应教育发展的要求，不利于培养学生的核心素养。因此，在教学中，教师要积极应用现代教学媒体，创设合适的教学情境，凸显学生的主体地位，提升教学效率，培养学生的核心素养。那么教学媒体包括哪些种类呢？

（一）根据所使用的感知器官划分

教学媒体可以分为视觉媒体、听觉媒体、视听媒体和交互式多媒体。视觉媒体指主要作用于人的视觉器官的媒体，如图片、黑板、教科书、挂图、标本、投影等；听觉媒体指主要作用于人的听觉器官的媒体，如说话交流、广播等；视听媒体是兼具听觉和视觉功能的媒体，即主要作用于人的视觉器官和听觉器官的媒体，如电影、电视等；交互式多媒体则指作用于多种感官且具有人机交互功能的媒体，如计算机。

（二）根据教学组织形式的需要划分

教学媒体可以分为：课堂展示媒体，如投影、录像、黑板等；个别化学习媒体，如印刷品、录音带等；小组教学媒体，如图片、投影、白板等；远程教育媒体，如广播、计算机网络等。

二、教学媒体对核心素养培养的意义

在核心素养导向下，课堂教学应倡导自主、合作、探究等学习模式，着重凸显学生的主体地位，将学生的学习兴趣激发出来，进而实现学生核心素养培养的目的。中小学生由于注意力易分散，他们喜欢直观而具体的事物，接受新事物速度较快，具有强烈的求知欲望等。因此，教学媒体的运用可以激发学生的学习兴趣，拓展学生的知识视野，提升学生的学习主动性，实现学科教学与核心素养培养同步进行。具体来说，教学媒体对核心素养培养的意义体现在以下方面。

（一）激发学生学习兴趣，引导学生自主发展

在教学中，激发学生的学习兴趣，帮助学生养成良好习惯是一大难题。从学生的特点来看，他们注意力易分散，比较感兴趣于直观形象的事物。通过现代化教育手段的运用，教师可以通过有机整合文字、声音、图像等方式，向学生直观展示知识，这样不仅可以激发学生的学习兴趣，还可以使学生深入理解教学内容，收到很好的教学效果。

数学课教师在讲授分数大小的比较时，就采用了现代化教学手段，用多媒体播放《西游记》视频，用讲故事而且是讲学生非常爱听的西游记故事的方式开始教学。故事中的猪八戒分不清分数的大小，明明师兄孙悟空打算师徒四人平均分一个西瓜，一人分到1/4，猪八戒却觉得自己吃了亏，要求给他多一点，要1/5。画面已经显示了1/4个西瓜和1/5个西瓜的差别，学生看到以后乐得前仰后合，就在这种愉快的气氛中，数学老师正式引入了教学内容，询问大家为什么猪八戒会犯这样的错误。学生的学习兴趣一下子被调动

起来，争着抢着回答老师的问题，主动去学习分数的大小比较。整节课都洋溢着欢乐的气氛。课堂教学效果非常好。

（二）创造良好的学习氛围，发挥学习内驱力

在课堂教学中，良好的学习氛围有利于调动学生学习的积极性，促使学生发挥学习的内驱力，激发学生的学习兴趣，从而培养学生的核心素养。而教学媒体的运用，可以通过有机整合文字、声音、图像等方式，向学生直观展示知识，这样不仅可以激发学生的学习兴趣，还可以创设良好的学习氛围，帮助学生深入理解教学内容，收到很好的教学效果。

教师在教学中要充分考虑学生的兴趣点在哪里，紧紧抓住他们的兴趣点来进行教学设计。例如，英语教师要教学生 car（汽车）和 plane（飞机）这两个不同的交通工具的单词，就可以借助现代化教学手段，用讲故事的方式，设计两个人物由于路程远近不同分别选择了 car 和 plane 来完成旅行。故事情节生动有趣，还结合了流行音乐、动漫人物等，学生看得津津有味，同时也对这两个单词的发音和意义有了深刻的记忆。学习效果非常好。

（三）刺激与丰富学生的想象，培养学生的创新意识

想象是在外界刺激物影响下，在头脑中对记忆的表象进行加工改造，形成新形象的过程。学生再造形象能形象地理解自己不曾感知或无法直接感知的事物。因此，在核心素养导向下，教师在教学时利用多媒体这一刺激物激发学生的再造形象，有利于学生深化认识陌生及抽象的事物，促使学生展开想象的翅膀，丰富想象的内容，畅谈内心的感受，培养创新精神。

尤其是数学教师在进行"立体面积"的讲解时，由于学生的理解能力有限，对侧面积的计算方式理解起来比较困难。教师就可以运用多媒体课件来解决这个问题，如讲解长方体和正方体表面积时，首先要讲解侧面积等于底面周长乘以高，多媒体课件可以用直观的视频展示线段演化成底面周长，然后慢慢竖立起来的过程，清楚地揭示了侧面积的实质就是一个长方形。在这个视频演示过后，学生就轻易地理解了计算公式的由来。再如，教师可以用动画效果展示各种数学元素，如各种点、线段、面、角等。利用多媒体技术

可以给学生以最清晰的概念。

（四）使课堂教学生活化，提升学生的实践能力

灵活运用情节背景的学习是最有效的。借助于情境的创设再现教学画面，可使学生如临其境，提高兴趣。将文字形象化，把语言文字直接变成活生生的生活展现在学生面前，可以使学生感悟生活，加深对所描写的那段生活的理解。这种做法不但让知识生活化，而且让学生理解知识与生活的联系，进而提升学生的实践能力。

教师在指导学生认识人民币的时候，就可以用视频制作小故事，让故事中的学生去花钱购买学习用品，这样通过与学生生活相关的情节引起了学生的兴趣，学生也就顺理成章地理解了人民币的使用。同时，还可以鼓励学生说一说他们是从什么时候开始独立使用人民币的，平时有多少零花钱，等等。这样的教学方式和学生生活息息相关，能够把课本与学生的距离充分拉近，也能让学生发现数学可以解决生活中的许多问题，调动起他们的学习兴趣，培养他们的核心素养。

（五）有利于突破重难点，使学生学会学习

学生学习和掌握新知识，一般都是从感知开始的。学生丰富的感知，能为其进一步形成概念、理解知识和掌握学习的规律打下良好的基础。尤其是一些知识的内容比较抽象，再加上有些内容采用传统教学手段不得力，所以某些内容对于学生而言比较难掌握，于是就形成了教学的难点。而教学重点是在教学过程中要求学生必须掌握的内容。由于教学媒体形象具体、动静结合、声色兼备，所以恰当地加以运用，可以变抽象为具体，调动学生各种感官协同作用，搞清楚教师难以讲清、学生难以听懂的内容，从而有效地实现精讲，突出重点、突破难点，让学生学会学习。

数学教师讲授各种物体的体积的计算方法时，就可以借助多媒体的直观效果。例如，教师为了推导圆柱体体积公式，不是简单地告诉学生公式然后让学生机械记忆，而是使用多媒体课件把圆柱体底面无限切分，再把圆柱体

切开，之后用动画效果展示将这两个部分重新拼成近似长方体的形状。这样学生就对圆柱体体积公式和长方体体积公式的近似性有了非常形象直观的认识，也就顺理成章地从长方体体积公式推导出了圆柱体体积公式。原本不易理解的问题在动画效果的帮助下顺利解决，也培养了学生的核心素养。

总之，教学媒体的运用有助于教师更好地实现教学目的，在更大程度上调动学生学习的积极性和主动性，使学科教学与核心素养的培养结合起来。因此，核心素养导向下科学使用教学媒体，会让课堂教学更精彩，对核心素养的培养会起到极好的作用。

第二节　教学媒体技术在核心素养培养方面的创新运用

不同的教学媒体在辅助课堂教学中均发挥着极其重要的作用。这是因为培养学生的创新思维是 21 世纪教育的关键词。教师在教学中应用现代化教学媒体，可以形象化地处理教材中的抽象事物，培养学生的发散性思维及抽象思维，有效培养学生的创新思维能力。同时，教学媒体的运用还可以建构虚拟课堂，创设真实的教学情境，打破时空的限制，激发学生的学习兴趣，凸显学生的主体地位，同时也使学生自主、合作、探究学习的能力得到有效培养，使教学有效性得到提升，促使教学意义建构得以实现。为此，在核心素养导向下，教师要摒弃传统、落后的教学理念与教学方法，积极应用教学媒体，创设合适的教学情境，激发学生的学习兴趣，着重培养学生的创新能力，有效培养学生的核心素养。那么，在核心素养导向下，教学媒体在什么时机使用合适？在运用时又要采用怎样的策略呢？

一、把握教学媒体在教学中运用的时机和方法

教学媒体集音频、视频、文字、图像于一身，信息量非常大，用其辅助教学，可以很好地发挥学生参与课堂教学的积极性，加上视觉、听觉的充分结合，

可以极大地提高课堂效率，激活学生的思维，有利于学生思维的拓展和能力的综合培养。那么，要使电教媒体在学科教学和核心素养培养中产生最佳效果，其使用的时机就相当重要。具体来说，可以把握以下时机加以运用。

（一）导入环节中的运用

我国著名教育专家于漪老师说："在课堂教学中要培养、激发学生的学习兴趣，首先应抓住导入课堂环节，第一锤就应敲在学生的心灵上，一开始就把学生牢牢地吸引住，像磁石一样把学生牢牢吸引住。"因此，教师在新课导入环节运用教学媒体，可以创设情境，激发学生学习兴趣，唤起学生的学习主动性，使之乐学、善学。而这不但利于教学的顺利展开，而且有利于培养学生的自主发展意识。

1. 图片运用

心理学研究表明，图像可唤起和组织学生原有的知识经验中的感性认识，帮助学生理解所学内容，是一种图画的艺术语言，因此用它作为一种极富诗意的导入，可以吸引学生的注意力，创设教学情境，唤起学生的情感共鸣，培养学生的审美意识。幻灯片、投影仪都是图画的表现手段，以多媒体手段参与教学，更直观生动，能刺激学生的感官，诱发其思考，使学生有话可讲，无疑就可以起到吸引学生注意力的作用。同时这两种教学媒体还可以根据不同的教学内容，以及给学生印象的深刻程度创设不同的情境。

2. 音乐导入

音乐是一种极富内涵的艺术语言，可以向我们展示一幅幅优美、动人的画卷，如同磁石般吸引学生的注意力，能发展学生的想象力，提高他们的思维能力，还可以锻炼他们的注意力、观察力、记忆力等。同时，研究表明，学生在听音乐时，随着音乐旋律的起伏，在感到轻松、愉悦、满足的同时，他们会产生兴奋的情绪。这不仅有助于提高教学质量，也可极大地调动学生的学习积极性。

教师选取与教学内容相关的音乐，创设情境，渲染气氛，使学生迅速进入状态，取得了事半功倍的效果，培养了学生的审美情趣。

3. 视频导入

心理学家认为，感知是认知事物的首要条件。视频导入是通过播放电影或录像，客观、直接地刺激学生的感知器官，从而激活他们的求知思维。

数学教师在讲解"小数的循环"时，通过制作红绿灯变换的视频让学生一下子想起了交通岗上红绿灯变换的生活经验。教师正好利用这个机会让学生说出现实生活中总结出的红绿灯变换的规律。学生说出来红绿灯总是不断重复出现，间隔的时间也是一定的。教师根据学生总结的现象，引出来循环的定义：当事物按一定顺序不断重复出现时，就是循环，在数学运算中就存在着循环现象，这就顺理成章地导入了新课，即小数的循环。

这样的导入，不仅突破了概念形成过程中的难点，而且激发了学生的认知兴趣，使学生由形象具体的实物表象直接转入认识数字排列规律，收到了事半功倍的效果，也提升了学生的数学思维，让他们认识到学科知识与生活的联系。

总之，在导入环节巧妙运用教学媒体，无论是图片、音乐还是视频，都可以激发学生的兴趣，唤起学生的学习主动性。不过要注意的是，导入的教学媒体的材料要与学科教学内容相符合，要考虑到培养学生核心素养的需要。例如在政治学科教学中，学生一般对热点问题比较感兴趣，但有些事件他们可能不是很了解，这时教师就要精心选取身边或近期发生的与课堂教学内容紧密关联的热点事件，通过截取视频或新闻报道、网络资讯等形式在课堂上展示给学生，在激起他们学习兴趣的同时，培养他们的家国情怀，唤起他们的责任意识。

地理课教师在授课中同样应该紧密结合社会现实，当讲到保护环境的内容时，完全可以结合国家在不断开展的环保督察行动，尤其是本地的环境保护动态。新闻报道中的这种环保督察行动可以当作教学材料，让学生了解环境保护的现实情况，唤起他们的环保意识，以及对家乡环境保护的热情。

（二）教学过程中的运用

教学媒体用于教学过程中，可以辅助教学，不仅有助于解决教学难点问题，引导学生理解教学内容，而且可以培养学生的创新精神、科学精神和反思精神。

1.图形演示，培养学生创新能力

在学科教学过程中，面对学生难以理解的一些地方，教师可以运用图形演示，引导学生直观理解，化抽象为形象，从而帮助学生在理解知识的同时培养创新能力。

随着信息技术的发展，网络的进步，学生早已适应各种丰富多彩的视频，因此在教学中，教师也应该与时俱进，对各种教学内容进行强调。在这种动画演示的教学模式下，学生对教学的重点内容印象自然非常深刻，同时也在教师的示范下受到启发，培养了创新能力。

2.点拨思维，培养学生科学精神

核心素养导向下，教师在教学过程中要善于把握学生的思维导向，对学生思维的发展具有一定的预见性，而这时，教师借助于教学媒体，可以在学生思维转折处采用恰当方法予以点拨提示，从而培养学生的发散思维和科学精神。

学生对熟悉的事物会产生思维定式，如数学教师在教授圆形和半圆形周长的计算方法时发现，学生会因为半圆形的"半"字下意识认为半圆形周长就是圆形的一半，而忘记将半圆的直径计算在内。教师经过观察和思考认为圆形的周长计算方法与其他形状计算方法不同也是学生容易犯错的原因。于是教师特意制作了动画来演示半圆形和圆形的产生，在动画的直接视觉效果下，学生很容易地发现了半圆形和圆形的周长并不是一般理解的一半和整体的关系，跳出了思维定式。

3.于关键处切入，培养学生反思精神

在教学过程中，遇到关键处，教师可以借助教学媒体，将枯燥的文字表达形式转换成生动、形象、易于理解的形式，从而引导学生转换思维，培养学生的科学探究精神。

许多数学教师善于运用多媒体教学把逻辑性极强、枯燥的数学知识变得更加富有直观性、趣味性、形象性。某个数学教师教授异母分数加减法时，运用多媒体动画来解释为什么异母分数的分母不能直接相加减。他用动画制作了一个圆形，然后用阴影面积表示圆的 1/2 和 1/3。当教师把 1/2 个圆扩展，变成 2 倍的面积，又把 1/3 个圆扩展，变成 2 倍的面积之后，同时显示在屏幕上。这时教师要求学生观察这两个圆里的阴影面积大小是否一致，学生发现不一致，也就明白了圆的 1/2 和 1/3 无法直接相加，从而自然得出异分母分数分母不同（分数单位不同）不能直接相加的结论。

总之，多媒体创设的活跃的课堂气氛，让学生产生了一种强烈的求知欲，使其感到学中有乐，欲罢不能，进而获得成功的喜悦，激起学习的自信心，其内在潜力也得到挖掘。这正是对学生勇于探究、乐学善学核心素养的培养。

二、掌握教学媒体在教学中运用的原则

随着现代科技的发展，现代化媒体在教学领域的应用越来越广泛，它促进了教师教育教学观念和教育教学模式的改变，使教学内容变得更通俗易懂，增加了教学的深度和广度，激发了学生的学习主动性；在与学科教学相结合中，也对学生的核心素养培养发挥着积极作用。但教学实践证明，教学媒体在学科教学和核心素养培养中，要运用科学的原则，方能使之发挥作用。具体来说，要注意以下原则。

（一）要根据教学内容加以恰当运用

教学媒体辅助教学是一种新的教学方式。相比传统的教学方式，它有许多优点（如化静为动、化抽象为直观、交互性强等），但它也不是万能的。因此，进行教学媒体辅助教学必须考虑教学内容，这样才能发挥其最大潜能。不能一味地追求教学方式的改变，要立足实际，否则就会由传统教学的"人灌"变为"机灌"，最终不但不能发挥作用，还会影响学生学习的注意力，影响教学效果。

教师在选用多媒体教学辅助材料时一定要注意和教学内容相结合，考虑学生的具体情况，而不是千篇一律地照搬、照抄。

（二）运用要适当并讲求实效

教师必须明确，运用教学媒体不是目的，而是手段。之所以使用教学媒体，是因为学生缺乏必要的感性认识。倘若教师在教学中不顾教学内容，盲目地追求先进的教学手段，忽视教师的主导作用与学生的主体地位，就会适得其反。因此，教师在使用教学媒体时，要根据学生的认知规律、心理特点、教学内容等诸多因素，综合考虑，精心选择，克服形式主义，将媒体教学手段与传统教学手段有机结合起来，扬长避短，达到辅助教学和培养学生核心素养的目的。

（三）坚持学生的主体地位和教师的主导作用

研究表明，中小学学生接受一项新知识有一个反复的过程，而且其思维无法保持长时间高度集中。因此，教师在使用多媒体辅助教学时，不要追求大信息量而忽视教学节奏，而要让学生有时间看得清，有时间思考、接受和消化教学内容。为此，教师在使用教学媒体时，要注意适时掌控学生的注意力和兴趣，根据教学的具体情况调整教学的节奏和步伐，采取各种方法和手段，让课堂由教师引导，学生发挥主体作用。

第三节　高中数学教学媒体整合的设计

一、高中数学传统媒体与现代媒体整合的原则

（一）必要性和有效性原则

随着教育技术的发展，新课标的理念提倡数学教师有效地将现代技术用来辅助高中数学教学，作为高中数学教师不该将高中数学扭曲为"人灌"改"机灌"。教师应结合传统和现代媒体各自优势，应坚持"当多媒体辅助数学教学时，必要时才使用，若使用就要获得很好的效果"的原则。因此作为高中数学教师，首先，要了解班级学生的学情，明晰学习目标，熟知学习内容；

其次，应该清楚常用数学教学媒体的教学功能；最后，应不断提升自身的媒体技能。只有具备这些水平时，才能真正知道什么时候用什么媒体是必要的、有效的、不可替代的。

例如，在学习"幂函数"的概念课时，教师要遵循数学抽象的几个基本阶段开展数学概念教学：实物层面的抽象—半符号面的抽象—符号层面的抽象—形式化层面的抽象。在"幂函数"实物层面抽象阶段（表 5-1）显然可以看出如果逐一将这些数学问题写到黑板上，会占用大量时间，数学教师在书写过程中也会挡住问题，不利于学生思考，此外问题的引入重点在于发现答案之间的联系，而非问题本身。若这些数学问题借助多媒体呈现，插入自定义动画，就可以省去在黑板上誊写的时间，让学生思考，真正体现高效课堂。显然在这个案例中多媒体使用是有必要和有效的，且效果优于板书。

表 5-1　板书和多媒体的选择比较表

选择板书	选择多媒体
Q1：若王同学买了每斤 1 元的瓜子 x 斤，则他应付的钱数 $y=$＿＿＿＿＿。	Q1：若王同学买了每斤 1 元的瓜子 x 斤，则他应该付的钱数 $y=x$。
Q2：若正方形场地的边长为 x m，则该场地的面积是 $y=$＿＿＿＿＿。	Q2：若正方形场地的边长为 x m，则该场地的面积是 $y=x^2$。
Q3：若王先生 x 小时内开车前行了 1 km，则他开车的平均速度 $y=$＿＿＿＿＿。	Q3：若王先生 x 小时内开车前行了 1 km，则他开车的平均速度 $y=x^{-1}$。
Q4：若立方体的边长为 x m，则立方体的体积是 $y=$＿＿＿＿＿。	Q4：若立方体的边长为 x m，则立方体的体积是 $y=x^3$。
Q5：若正方形花园的面积为 x m，则花园的边长 $y=$＿＿＿＿＿。	Q5：若正方形花园的面积为 x m，则花园的边长 $y=x^{1/2}$。

但是，有的老师借助多媒体技术验证教学结论，忽视学生思维的过程，播放没有意义的教学动画。这些行为不利于学生空间想象力和几何直观能力的培养，易使学生思维简单化，因此在教学中教师要注意避免发生这类问题。但注意如果在学生合作交流完之后，已经得出结论，教师可以采用多媒体技术进行验证，增强学生的知识记忆的准确度。

再如，在学习"直观图"时，需要利用平面绘出常见的几何体，如果教师自身不动手在黑板上示范，只是在多媒体上演示，学生走马观花，那么课后绝大多数学生依旧不会画直观图。这堂课教师应在黑板上演示，并结合总结的规律，让学生动手操作。这节课重点内容是绘制直观图，如果滥用多媒体，那么教学效果就会大打折扣。

（二）时机性原则

当使用传统媒体和现代媒体相结合辅助教学中，教师一般会使用两种模式。

一种是"粉笔＋鼠标"模式，在数学课教学媒体的使用上，传统媒体使用时间多于现代媒体。而还有一种"鼠标＋粉笔"模式，在数学课教学媒体的使用上，现代媒体使用时间多于传统媒体。由于是将传统媒体和现代媒体相结合的模式，它们对教师掌控课堂的灵活度要求较高，因此两者媒体的结合容易让教师顾此失彼。例如，教师应该在黑板上呈现概念、数学运算过程、性质特点等，但播放多媒体课件时忘了。应该播放课件了，教师却已经在黑板上大致讲完或偏题，这都是多媒体灵活性较差造成的。那么无论出现哪种情况都不利于学生对内容的消化和理解。

部分数学老师在使用多媒体时，倾向于通过多媒体列出问题的求解或证明过程，也会在黑板上板书，显然推导过程是要先在黑板上出现的，但如果教师的展示动画出现问题，或老师未和学生厘清思路，就操作有误让学生了解题过程，这种情况是不利于学生思维发展的。而且多媒体信息出现速度快，学生往往还未消化当前的知识，下一条信息就打出来了，而板书需要老师一点一点地写，更能反映师生交互，以及思维的同步，相对而言也为学生留了更多的思考时间。

为了避免出现这样的情况，可以做以下处理，即如果数学教师既在黑板上又在多媒体课件上展示解题过程，必须确保书写步骤一样，以免加重学生的认知负担。

可见，把握时机性进行讲课是非常重要的。因此，教师应该充分挖掘教材，了解学情，做好教学媒体的有机整合，努力为学生呈现一个连贯性强的和灵活度高的课堂，对何时用传统媒体、何时用现代媒体等都应做好标记。

（三）优势互补原则

1. 发挥传统教学媒体的优点，弥补现代教学媒体的缺点

传统教学媒体以最常用的板书为例，板书相对多媒体更易保存信息，把握学生听课的节奏，利于学生整体把握数学知识体系，有助于师生交互，思维同步，有利于锻炼学生数学归纳、推理能力。此外，板书还有更利于应付突发事件、附带问题和破除僵化教学程式的灵活变通性。因此，可以借助板书概括数学学习内容，生成数学知识的计算或推导过程，也为学生提供一个发挥自己能力的舞台，教师的优良的板书风格可以为学生做好榜样示范。

现代教学媒体相比传统教学媒体而言，容易出现容量信息过大，页面播放过快，重要内容播放后就消失，不具有长时的呈现力，多媒体一般是课前准备好的，灵活性较差。相比传统教学媒体更易出现师生共同参与度降低，如呈现数学计算过程，缺乏师生间的交互，课件播放的计算或推导过程是断裂的、一句一句的拼接。

例如，在数学课的练习环节，教师让学生在黑板上书写解题步骤，而不是在多媒体课件上进行操作。当然，若使用交互式电子白板会好些，而它实际是模仿黑板的功能。

因此，我们要取传统教学媒体的长处，避开现代教学媒体的短处。将重要的信息记录在黑板上，重要的数学过程师生共同参与推导。

2. 发挥现代教学媒体的优点，弥补传统教学媒体的缺点

现代教学媒体相比传统教学媒体也有很多优势，现代媒体以多媒体为主要形式，多媒体由图、文、声、像等要素构成，其直观性强，能帮助学生多方面观察学习信息；现代媒体的动态性强，可以有效地进行视频、动图的展示；现代媒体的可重复利用性强，并且便于传播；此外，现代媒体还能做一些传统媒体很难完成的实验，可以根据计算机进行模拟等。例如，数学教师借助几何画板和计算机软件的优势制作动画或图像，帮助学生提高空间想象能力。显然，传统教学媒体缺乏这些功能。

因此要发挥现代教学媒体的长处，避开传统教学媒体的短处。例如，借助现代媒体创设情境、引进课外资源、激发学生学习兴趣等。借助现代媒体呈现数学问题，可以有效节省时间。再如，刻画函数图像、圆锥曲线等，使用几何画板进行教学，能够帮助学生更深刻地理解函数、圆锥曲线，更好地学习它们的图像性质等。

（四）课堂预演原则

课堂是一个非常复杂的系统，完成一堂好课教师要做大量准备工作，教师对这节课的熟练程度直接关系到这堂课的教学效果。而且现代媒体参与的课堂，相比单单使用传统媒体的课堂要复杂得多。媒体的选择、呈现的顺序、呈现的时间、呈现的关联、课堂的备案、媒体的故障等难免使数学教师有顾此失彼的时候，因此课前的预演，即在课前重复一次或多次实际课堂教学，附带媒体操作，板书设计，估计时间，并发现问题及时调整教学设计。

（五）取长补短原则

从调查结果和实际教学中，数学教师对媒体模式选择的偏好由高到低依次是："黑板＋鼠标"—"鼠标＋黑板"—"黑板"。可见数学教师都十分重视黑板的价值和现代媒体的辅助。在教学中，我们经常看到数学教师有时选择"黑板"模式，有时选择媒体融合的模式。那如果仅选择"黑板"模式能否既发挥它自身优势，又削减它的劣势呢？以椭圆的方程为例，我们知道这节课需要画图像，现代媒体显然是有利的工具，但我们可以选择具有同样画图效果的工具，如借助简单的道具制作椭圆，同时调动学生也积极绘制，由"机绘"到"人绘"，拉近师生之间和学生之间的距离。

再如，有一部分数学教师偏好"鼠标＋黑板"模式，调查中发现部分教师认为自身写字不好，经常有学生看不清。显然过多的、潦草的板书不利于学生学习，那如何借助多媒体体现黑板的功效？我们知道板书相比多媒体更能防止重要信息的流失，因此，学生如果在多媒体课件的不同页面多次看到信息，就能弱化多媒体的缺点。

二、高中数学教学媒体要素整合的原则

为了很好地说明教学媒体呈现的整合原则，笔者分别用"以多媒体为主的现代媒体呈现设计原则"和"以板书为主的传统媒体呈现设计原则"进行阐述。

（一）高中数学教学多媒体呈现设计原则

关于数学教学多媒体呈现设计的原则，我们可以借鉴理查德·梅耶（Richard Mayer）的多媒体教学设计的原则和原理、赤瑞特拉（Treicher）的实验，以及游泽清教授多媒体画面艺术原则，它们具有一定的局域普遍性、实用性和操作性，也是多媒体教学实施规范，笔者结合专业特点，将多媒体教学设计和画面布局原则整合成一个表，如表 5-2。

表 5-2　媒体组合呈现和媒体画面布局原则

媒体组合呈现原则	容量有限原则	一般情况下一个页面只呈现一个知识点，数量不宜超过 7 个，不宜超过 6 行信息
	片段化呈现原则	信息以片段的形式呈现，通过"继续"按钮的形式继续下一步学习，也可设置导航控件或知识点地图来自主选择学习内容片段
	人性化原则	使用第一人称或第二人称编辑文本，界面可适量加入评价语或图片
	冗余原则	"动画＋解说"的效果大于"动画＋语言解说＋文字"
	空间接近原则	优化课件页面结构，当"文字＋图片"呈现时，把文字镶入图片中，当多个"文字＋图片"呈现时，可用不同颜色的边框来区别
	时间接近原则	文字与图像组合说明时，文字与图像在同一页面呈现
	双通道原则	呈现信息时，尽可能使抽象性的文本材料视觉化，把具体的文本材料听觉化，保证呈现信息简洁、精练。
	前训原则	信息呈现要与学习者先前知识之间形成关联，可利用联结让学生了解相关教学内容的先前知识
	多感官原则	人类获取信息的 83％来自视觉，11％来自听觉，3.5％来自嗅觉，1.5％来自触觉，1％来自味觉。人们一般能记住自身浏览信息的 10％，听见信息的 20％，看见信息的 30％，听见与看见信息的 50％，互动交流过程中自己所说的信息的 70％

续表

媒体画面布局原则	相关性原则	将界面设置简洁，去除和教学无关的声音、文字、动画和图像
	提示原则	多媒体信息加工时应用颜色、字体、箭头等来形成提示线索
	分割画面原则	在确保信息有效传递的情况下，尽可能将知识进行"模块化"分割
	文本运用原则	注意语义的美感，重要语词的规律性；选择合适的字体、字号、字间距、行间距，页尾部分尽量留白
	标志原则	文本中添加了一些文字内容后，可用下划线、加粗、区分度强的字体等突出所呈现的信息

（二）高中数学教学板书呈现设计原则

板书对数学教学的重要性自然不言而喻，板书是以教师为主体的表现活动，是教师综合教学素养的表现过程，板书的设计和板书的呈现活动都与教师的板书功底息息相关。一名数学教师应该遵从的原则有：针对性原则，即教师板书要合理色彩搭配，突出学习重点，要因生、因时、因教学内容来设计，同时分清主板书和副板书；概括性原则，即教师板书要简洁明了，文字精练，图表直观简洁；条理性原则，即根据学习内容的进度，对板书有序安排，内容连贯，帮助学习巩固吸收；灵活性原则，教师课前计划的板书，往往难以照搬出现，教师应根据教学情况，进行修改，不可墨守成规；时机最佳性原则，只有学生的思维和教师的思维达成同步时，书写的板书才能达到最佳效果，板书的书写可分为边讲边书，或先讲后书，或先书后讲，或只书不讲，要根据教学情境的需要去选择；示范性原则，板书的全过程是教师教学能力、自身素养的集中体现，正所谓"学为人师，行为示范"，好的板书能为学生起到示范作用，而糟糕的板书则会给学生带来负面影响。因此，作为数学教师，其工整的字体、清晰的符号、美观的板书等，都在无形中影响着学生。

除了板书的注意原则，数学教师也应注重板书的呈现形式，合理的、直观的、有条理的板书能有效帮助学生形成图式。笔者归纳了高中数学中几类常用的板书呈现方式。在平时的教学中，往往将这几类板书形式组合运用。

①罗列式板书：将重点内容按知识的生成顺序一一撰写出来。

②表格式板书：根据内容的相似性或相反性将它们借助表格直观化呈现，便于学生类比记忆。

③提纲式板书：根据数学知识间的上位和下位概念，组成符合逻辑的框架。

④递进式板书：根据内容的逻辑关联，有机地将内容呈现出来。

⑤综合性板书：根据内容的复杂性，借助文字、图表、符号等呈现内容。

三、高中数学教学媒体整合的设计

（一）高中数学教学媒体整合分析流程图

为能很好地利用教学媒体对课堂进行优化，教师应当借用系统论的方法从教学前的教学媒体的准备、教学中的教学媒体的应用和教学后的教学媒体使用评估宏观调控课堂，微观设计教学。笔者结合教育学、心理学、系统论和美学设计如下的数学教学媒体整合分析流程图，见图 5-1。

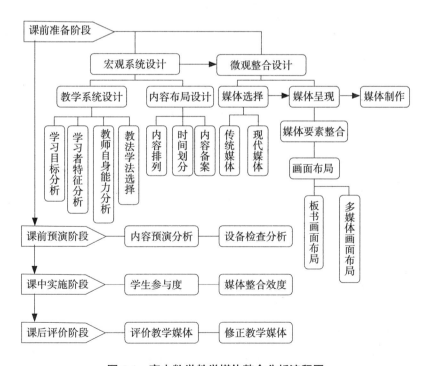

图 5-1　高中数学教学媒体整合分析流程图

课前准备阶段，数学教师要考虑多重因素，图中的教学系统设计大家已经十分熟悉。关于内容布局设计，包括三个方面：其一是内容排列，即一堂数学课的教学过程；其二是时间划分，即对教学过程各个实施环节的时间进行预估；其三是内容备案，即关于课堂可能出现的情况，如设备故障、难点突破、学生可能产生的错误观点，以及习题过多、过少等，做好灵活调控课堂的准备。关于微观整合设计，从媒体选择和媒体呈现两方面进行分析，先确定选择媒体，再选择媒体之后设计教学信息的呈现，包括媒体要素组合呈现，以及多媒体和板书的界面设计。

这一阶段完成后，教师已经分析并做了大量分析和准备工作，若数学教师直接使用教学设计表难免会因为不熟练而影响教学效果，因而教师十分有必要课前预演，即将整个课堂的安排在脑海中或使用空闲教室等演习一遍，既有助于熟悉课堂，又有利于发现新的问题，及时纠正。此外，还要特别注意，教师若使用计算机、数学软件等，必须在课前检查，以防课件不能播放、设备损坏等意外事故的发生，并做好应急准备。

课堂预演之后，教师对教学设计已经十分熟悉，这时便可以开展真正的教学，在实际教学中，要关注学生的媒体参与度，对学生所学知识的反馈程度，及时调整媒体，提高媒体使用的灵活度。也要注意教学过程中是否真正有效地发挥了传统媒体和现代媒体的优势，要警惕顾此失彼等现象的发生。

下课后，要及时对教学媒体的选择和呈现情况进行评价，根据学生课堂表现及时修改教学设计表。

（二）基于高中数学教学媒体整合的教学设计

为了服务数学教学，使媒体的使用更具操作性和检测性，结合理论和实际情况，笔者针对课前准备阶段的分析，设计了基于高中数学教学媒体整合的教学设计表（表5-3），要说明的是，语言是一种重要的媒体要素，它能将图文、声像、模型等呈现的内容进行阐述和说明。鉴于此，笔者将语言纳入教学媒体的使用方式中，以符合实际教学需要。教学媒体使用方式主要指教师或学生使用言语、行为配合媒体呈现信息的方式，包括：边设疑边播放；

先讲解再板书；学生动手实践，合作交流；等等。

表 5-3 基于高中数学教学媒体整合的教学设计表（草拟版）

学习者分析						
学习内容分析						
教师自身分析						
学习目标分析	知识与技能					
	过程与方法					
	情感态度与价值观					
教法学法分析	教法					
	学法					
数学教学环节	媒体内容呈现要点	学习水平	媒体选择	媒体呈现	媒体使用方式	画面设计

第六章　基于核心素养的基本教学模式

真正具有教育教学本体意义、独特意义的行为，是"使动性"教学行为，即学生在教师的发动、维持与促进作用下自主决定"动"的具体方向，以及"动"的量与度，形成总方向一致但具体状况多元化的学习活动成果。也就是说，教师在采取任何教育教学行为之前，都必须考虑："我的教学行为将会影响学生做出何种反应？"学生做出这些反应，与教师的行为有关，但并不一定对应着教师的行为。那么，在教师行为与不同学生多元化反应之间，隐藏的是教师对学生学习思维的判断与教学思维调整的理性决策。

第一节　层次化教学

所谓"层次化教学"，就是根据课程标准和教材要求，针对不同类型学生，设计不同层次的教学目标，提出不同层次的学习要求，给予不同层次的辅导，进行不同层次的检测，通过教学方式方法的选择，促使各类学生分别在已有认知水平基础上，获取数量、层次不同的知识信息，从而获得具体的进步或发展。

一、理论内涵

核心素养导向下的分层教学，比较集中地强调了几点：学生的现有知识、能力水平；分层次；所有学生都得到应有的提高。其主要包括以下模式。

（一）班内分层目标教学模式

班内分层目标教学模式，又称"分层教学、分类指导"教学模式。它保留行政班，但在教学中，从优、良、及格等各类学生的实际出发，确定不同层次的目标，进行不同层次的教学和辅导，组织不同层次的检测，使各类学生得到充分的发展。具体做法是：①了解差异，分类建组；②针对差异，分类目标；③面向全体，因材施教；④阶段考查，分类考核；⑤发展性评价，不断提高。

（二）分层走班模式

分层走班模式，即根据学校进行的主要文化课摸底结果，按照学生知识和能力水平，分成三个或四个层次，组成新的教学集体（暂称为 A、B、C、D 教学班）。"走班"并不打破原有的行政班，只是在学习这些文化课的时候，按各自的程度到不同的班去上课。"走班"实际上是一种运动式的、大范围的分层。它的特点是教师根据不同层次的学生重新组织教学内容，确定与其基础相适应又可以达到的教学目标，从而降低了"学困生"的学习难度，又满足了"学优生"扩大知识面的需求。

（三）能力目标分层监测模式

能力目标分层监测模式教学，由学生根据自身的条件，首先选择相应的学习层次，其次根据努力的情况及后续学习的现状，最后进行学期末的层次调整。这一形式参照了国外的"核心技能"原理，给学生以更多的自主选择权，学生在认识社会及认识自我的基础上，将自身的条件与阶段目标科学地联系在一起，更有利于学科知识和能力的"因材施教"。在教学上，此模式同时配合有"分层测试卡（分层目标练习册）"，"分层测试卡"是在承认人的发展有差异的前提下，对学生进行多层次评价，对每个学生的劳动成果给予应有的肯定。实施这一评价手段，测试内容应当重在对当堂所学内容的检测（只要认真听就可达标），注意对学生新旧知识结构的有机结合的检验，较高层次的学生则侧重于创造能力的检测（要求动脑筋，有创新精神）。

（四）"个别化"学习的模式

"个别化"学习实际上是一种广义的分层。它基于网络的"个别化"教学，关键是设计适合各类学生，又方便学生自主选择教学内容、教学目标、训练材料及考评资料等素材。学生利用网络进行循序渐进的分层学习，每达到一个目标就自动进入下一个知识模块。由于计算机数据库储存了大量的教学信息，学生在教师的指导下选择教学进度，都能得到相应的提高。

（五）课堂教学的"分层互动"模式

"分层互动"模式，实际上是一种课堂教学的策略。这里的"分层"是一种隐性的分层。首先教师要通过调查和观察，掌握班级内每个学生的学习状况、知识水平、特长爱好及社会环境等，将学生按照心理特点分组，形成一个个学习群体。利用小组合作学习和成员之间的互帮互学形式，充分发挥师生之间、学生之间的互动、激励，为每个学生创造整体发展的机会。特别是学生间人际互动，利用了学生层次的差异性与合作意识，形成有利于每个成员协调发展的集体力量。

（六）定向培养目标分层模式

定向培养目标分层模式多限于职业教育，指的是按照学生的毕业去向分层分班教学。具体做法是：首先，入学时对学生进行摸底调查，既了解学生的知识和能力水平，又了解学生对就业与升学的选择，在尊重学生和家长意见的同时，也反馈学生自身的学业情况，正确定位；其次，以学生的基础和发展为依据，分成两个层次，升学班与就业班，两个班的主要文化课安排同样的教材、同样的进度，只是教学的目标和知识的难度有区别，升学班更注重应试能力的训练，就业班则突出文化知识与职业实践的结合；最后，当二年级学生参加水平测试并合格后，学校又给学生提供第二次选择，升学班进一步强化文化课与主要专业课，而就业班则以职业技能训练为主。

分层依据是学习成就、教师意见和家长意见。分层范围通常包括一些主要科目，如数学、英语、科学、社会。分层管理，一般实行弹性机制，分层不是固定的，每学期或每学年要进行调整，层次变化的主要依据是学生的学习情况，如学生进步显著就可以上调，学习吃力则可以下调。因为是按照科目分组，实际上所有科目都在某一层次组别的学生很少，多数学生是不同的科目在不同层次的组中学习。分层教学的优点是，由于增加了智力测验和成绩作为依据，同一层次内学生的基础和水平较一般班级授课制条件下更为整齐，因此学生的学习和教师的教学都更加便利。由于不同科目各自分组，能够比较好地适应学生的兴趣和差异。

二、高中数学分层次教学策略

在对某高中数学实施分层教学现状问题进行调查分析的基础上提出如下对策。

（一）针对学生的分层方法

1.按照学生考试成绩分层

某高中在高一新生入学之后就实行了分层分班，分层的依据主要是学生的中考成绩，按照其分数的高低差异分到不同的班级，这样划分的目的在于可以让教师统一教学的进度，以便满足不同层次学生的学习需求。但是，在经过高一一学期的各种考试后，教师发现一些"快班"的学生考试成绩还不如普通班的学生，在这种情况下，就采用"优进差出"的方法，当然必须做好学生的思想工作。首先，在学生经历了分班之后，对陌生环境的不适应，很容易引发学生心理上的巨大变化，在这种情况下，教师必须有目的地进行心理疏导，帮助学生走出认识的误区。其次，高二之前的学生面临着划分文理科，此时学校进行第二次大规模的分班编排，对于一些成绩很好又比较擅长理科的学生，教师则在上课的时候注重知识的挖掘与深入。针对一些成绩不太好的学生而言，教师在教学的过程中则是重点突出学生基础知识的掌握、知识结构的全面构建，在数学教学进度的把握上，尽量放慢速度，适应学生对于知识点的掌握节奏。因此，仅仅是根据学生的中考成绩来对学生进行分层是远远不够的，高中阶段对于学生的知识运用能力要求更高，应更多地去考查学生的思维能力，而初中阶段的学习主要涉及学生对知识点的记忆，两个阶段的教学在学习内容、深度与方式上存在较大的差异性。当然有一种比较耐人寻味的现象，就是一些学生在初中阶段的学习中表现很突出，但是在高中阶段就很难跟上学习的节奏。然而，一些在初中阶段数学学习较为平庸的学生，在高中就如鱼得水一般，表现得很突出。因此，对于高中阶段的学生分层，高一数学分层教学就一定要慎重，相比之下经历了高一过渡期之后的高二，则是一个相对适宜的分层时期。

2.按照学生的学习兴趣分层

常言道："兴趣是学习最好的老师。"分层教学的实施依据之一，是针对学生的学习兴趣的差异从而设置不同的学习内容。根据学生的学习兴趣的差异，或者在其原有兴趣的基础上进行范围的拓展。某高中在学生数学分层教学的过程中，非常重视对学生数学学习兴趣的培养，每周都要安排固定的时间开展优化辅导工作，具体的时间是周一与周三下午的自习课。当然对于参与优化辅导的学生没有固定的要求，主要是根据学生的兴趣来确定。在学生课程的安排上，周一的课程主要是以基础知识的强化为主，并尝试在此基础上对学生的思维进行拓展，适当地展示一些历年的高考数学题。周三下午的授课则是强化学生对于课堂所学数学新知识的掌握与训练，培养学生创新思维与自主思考的关键能力。借助固定周期的数学学习，使学生对于高中数学有一个更好的学习状态，而且师生在共同探讨同一个问题的过程中，能够加深认识与了解，更有助于学生数学兴趣的培养。

3.按照学生的课堂学习能力分层

高中数学课堂在教学的组织上必须建立在教师比较了解学生的各种学习情况的基础之上，不违背客观事实，教师不可单纯地根据自己的主观臆断来开展教学活动。

在教学过程中更不能贪多求快，有教师希望一节课让学生掌握一周的学习任务，甚至一些教师在高一、高二阶段，就让学生去完成高三阶段的学习任务，而到了高三阶段，教师再去规范学生在高一、高二阶段应该掌握的基本技能与素养。当然，这种教学方法对于极少数接受能力极佳的学生而言能够接受，但是对于绝大部分的普通学生而言很难跟上这种教学节奏。因此，在高中学段的数学分层教学的过程中，教师必须依据学生的课堂学习能力来进行分层，在备课过程中，既要详细地备教材，更要设身处地，仔细去考虑在学习过程中学生可能遇到的问题，在什么问题上对于学生核心素养的培养有直接性的作用，从而让教与学的活动更加有规划性、计划性与目的性。此外，在课堂的导入阶段，引导学生初步归纳出本节课的重难点内容和解决问题，从而提高整节数学课的目标指向性与针对性。

（二）分层教学的具体实施

1.学生分层

某高中数学分层教学的过程要建立在对学生全面了解基础之上，不仅要掌握学生的真实成绩，而且要充分了解每一位学生对新知识的接受能力的差异性，更要把握每一个学生认知能力、基础知识的差异性。其需要参与分层教学的教师转变工作思路，俯下身子，仔细耐心地去听取学生的建议，和学生进行一次次平等的交流和沟通，从而在教学相长的氛围中，探索适合全体学生分层的方法。

如某数学老师根据所带班级学生现有的学习水平及未来的可能发展水平，将其班内 65 名学生分为上、中、下三个等级，即 A、B、C 三个层次。A 层次就是基础层，也就是本文提到的"学困生"，该层次的学生对于知识的接受与领悟能力速度较慢，原有的基础知识与知识结构不够完善。B 层次为普通层，也就是本文所说的中等生，该层次的学生具备基本的知识结构，基础知识虽然能够掌握，但是不太扎实，在知识的运用上缺乏足够的熟练度，成绩表现较为平庸，但是学习的态度较好。C 层次为拔高层，即优等生，此群体的学生具有很强的自学能力，在知识的接受速度与数量上具有很大的优势，对于基础知识的运用较为熟练，并具有不同程度的创造性思维，各种考试中的成绩较好，喜欢挑战高难度的问题。在每一个分层群体内部，让四个学生组成一个小组，进而形成合作学习小组，重点强调学生在合作学习中获得提高与进步。

在数学分层教学的实践环节，首先把握两点，即坚持显性与隐性相结合的原则，防止学生出现扭曲、消极的负面心理情绪。其次，在分层教学实施的过程中坚持用动态管理的模式，主要用意在于，使分层的学生始终维持在一种竞争的状态，让学生意识到当下的分层只是暂时的，努力与懈怠会产生不一样的效果，必须通过自己不断的努力才能确保自己始终处在较好的分层范围内。

2. 教学目标分层

新课程改革的课程标准提出了可以将教学的三维目标化为一个统一目标，引导学生深化知识、应用知识，规定教师就本班内所有的学生依据每个学生学习能力的差异去设置不同的教学目标，极力发掘各个层次学生的学习潜力，在目标设置上不设置上限，但是目标的完成需要设定一定的下限，从而保障全体的学生学习有共同性又有特殊性。针对 A 层次学生的基础知识较为薄弱的问题，教师应在对此层次学生的学习目标的设置上，重点强化此类学生对于基础知识掌握的能力训练，帮助学困生完成基本的知识学习，并完成每一课的训练作业。对于 B 层次的学生则针对其基础知识相对牢固的特点，对其进行基本的知识运用能力，以重难点知识的适当突破为主，以便培养此层次学生的独立思考与解决问题的能力。对于 C 层次的学生，鉴于该层次的学生基础知识掌握较为扎实，对于知识的理解与运用能力较为熟练，但是依旧缺乏足够的知识深度与高度。那么对于此类学生的目标设置，则重点放在学生知识的拓展，学生数学学习能力的创新上。当然对以上三个层次学生的目标要求并非一成不变，其要始终保持动态的模式，以便适应不同时期学生成长的变化。

教学案例：在人教版 A 版数学教科书（必修 5）第二章第五节中关于"等比数列的前 n 项和"的章节学习，将 A 层次学生的教学目标设计为"让学生能够了解等比数列求和公式、理解求和公式的推导过程，初步掌握用求和公式的方法，并学会借助公式解决一些简单的求和问题"。将 B 层次学生的教学目标设计为"要求其掌握等比数列求和以及公式推演的技巧，能够熟练地使用公式进行运算，并以此为基础解决一些复杂的问题"。对于 C 层次学生的教学目标设置，则是"让学生熟练理解公式，掌握运用公式的方法，并以此为基础自行解决难度系数较大的综合类的问题"。

3. 课堂教学实施分层

开展课堂教学的分层教学是非常重要的环节，数学教师在组织教学的时候，同时要兼顾到三个层次学生的学习，在长期的教学实践中总结出了一套模式，即"三同四不同"。"三同"是指教学内容相同、学生学习进步要求相同、学生的能力培养目相同。"四不同"是指教师对不同层次学生知识的传授难易程度不同、课堂问题难度的设置不同、作业数量不同、课堂训练的难易程度不同。在数学分层教学的实施过程中，要精心设置问题，帮助学生抓住问题突破关键点，启迪学生创造性、发散性的思维，培养学生观察、分析与总结的能力。教学活动的开展原则就是以"中等生为基础，学困生与优等生相结合"的方式，实现三个层次学生的共同进步与提高。

教学案例：在进行"二元一次不等式表示的平面区域问题"教学内容的过程中，将 A 层次学生的问题可设计成如下题目。

①首先，让 A 层次的学生来判断 A（0，2），B（0，1）与直线 $2x+y-1=0$ 的位置关系。

②如果把方程 $2x+y-1=0$ 改为不等式 $2x+y-1>0$，那么此不等式表示的几何区域又是什么？

对 B 层次学生的问题可以设计成如下题目。

（1）判断点 B（0，2）与 $2x+y-1>0$ 的关系。

（2）猜测 $2x+y-1>0$ 和 $2x+y-1<0$ 所表示的平面区域有什么不同之处？

对 C 层次学生的问题可以设计成如下题目。

会分类讨论型的总结：当 $A>0$ 时，用不等式 $Ax+By+C>0$ 来表示直线 $Ax+By+C=0$ 的右半平面，用不等式 $Ax+By+C<0$ 表示直线 $Ax+By+C=0$ 的左半平面；当 $B>0$ 的时候，则不等式 $Ax+By+C>0$ 表示直线 $Ax+By+C=0$ 的上半平面；当 $Ax+By+C<0$ 的时候，则其代表直线 $Ax+By+C=0$ 的下半平面。

最后，为了便于学生的记忆和理解，教师再对其进行升华总结。

4.练习、作业分层

课堂后的练习与作业的完成情况对于分层教学中知识的巩固有着非常重要的作用。在此过程中教师对于不同层次学生作业与练习的布置需要慎重对待。针对不同层次的学生安排相应的作业和练习，在此过程中要遵循"最近发展区"的原则，并坚持"以人为本"的教学理念，根据学生的客观实际，在作业与练习的设计上要注重分层的特点，以便强化对于学生能力培养的目的性。例如，在数学课堂之后的作业与练习安排上，根据学生能力的差异，设计"梯形的问题"作业，力求符合各个层次学生的学情特点，层层递进，稳步提升。鉴于 A 层次的学生能力与基础较为薄弱，就侧重基础知识的简单练习，B 层次的学生能力适中，就在基础知识的掌握上，适当去接触一些有难度的问题。C 层次的学生则重点解决一些具有挑战性的问题，从而提升该层次学生的能力高度与视野广度。

教学案例：在进行完"等差数列前 n 项和"的教学之后，可以对学生开展下列试题的任务练习。

①围绕该课堂教学内容设计三个不同层次难度的习题。

②课后作业的布置，也采用分层模式。

设计说明：通过实施分层练习与作业可以确保学生在理解掌握教材内容的基础上，对自己的认知与能力有所拓展。在做练习的时候，第一部分对于 A 层次的学生而言是必须做的题目，第二部分是选做题，根据自己的能力选择。练习题的第二部分是 B 层次的学生必须做的题目，第三部分则是选做题。练习题的第三部分是 C 层次的学生必须做的题目。如此，将练习题中的题目按照难度划分为几个不同的层次，让每一个层次的学生去做相应的题目，从而能够践行"最近发展区"的教学理念。

5.分层辅导

新课标要求重视教师的"教"与学生的"学"之间相互影响。当代教师教学的中心旨在教会学生如何掌握知识、如何分析问题、如何学习、如何提高能力、如何反思应用的过程，而不是只关注所提出问题的结果，因为学生在这个学习的过程中所培养的能力与素质是最重要的。因此，教师在督导环节必须强化学生能力的培养。在面对学习能力参差不齐的班集体时，开展分层辅导是极为必要的。然而，教师除此之外还要备课、上课、批改作业等，其时间和精力是极为有限的，这就需要学校增加对此类教师的物质与精神鼓励，激发教师的工作热情，使其投入更多的精力与时间开展分层教学。在开展分层辅导的时候要注意时间与辅导方法的选择，要根据学生的学习进度计划与学生的学习情况来科学制定与规划。对于每一个层次的学生应该帮助其完成问题的解决与能力的提升。针对能力较好的学生则对其重点训练做题的思路与方法，对于中层次的学生辅导则重点落实在作业与练习的督促，对于低层次的学生的辅导，则重视该层次学生对于核心概念的理解与基本知识框架的掌握上。最后，在每一个分层群体内，组建一些学习小组，充分发挥小组学习的优越性，使小组内形成互帮互助、合作竞争的氛围，稳步提升数学分层教学下的学习效果。

第二节　整体化教学

人们对事物的感知都是先从整体开始的，而不是先从某一部分开始的。人们认识事物应该遵循这样的规律：整体—部分—整体。这样完成了第一个认识过程，循环往复，实现了人"从简单到复杂"、从现象到本质、从感性到理性的认识过程。因此说，整体—部分—整体是人们认知的最基本的规律。整体化教学可以实现知识的横向联系。

一、理论内涵

要想由碎片化教学走向整体化教学，就必须对学科教材进行整合，但不是以知识点的方式呈现给学生，而是以一个个问题的方式呈现给学生。让学生去解决实际问题，这些问题本身就带有整体性的特点，学生为了解决问题就会去探索知识、寻找方法、借助同学帮助等，这样就自然形成了自主合作探究的学习方式。

核心素养导向的整体化学习的意义如下。

（一）有助于提高学生的学习成绩

近年来，一批学校在积极尝试以问题导学为主要特色的新教育模式。新模式在一定程度上体现了整体化学习的思想，而这些学校的教学质量都在稳步提升。

（二）对学生人格、情感、权利和幸福的尊重与重视

整体化学习的出发点是人，落脚点也是人。学生有权利知道当下活动的

目标是什么、任务是什么、意义是什么。意义驱使和意义指导下的活动是积极的、有趣的、人性化的活动，是可以感受成就与尊严的活动，是高效的和持续有效的活动。整体学习首先关注的是学生此时此刻的人格、情感、权利、幸福，其次才是学生的成绩、成才、成功。

（三）对学习规律、成长规律的尊重

知识形成的规律就是学习的规律，也是成长的规律。这个规律就是：遇到或明确一个需要解决的问题；形成解决的方案；经历解决问题的过程；感受问题解决的成就与喜悦。

二、高中数学整体化教学策略

（一）高中数学教学整体化内涵

理解整体化教学，首先要认识其基本内涵。一般认为，高中数学整体化教学有三个基本内涵：一是强调数学知识之间的联系；二是强调学生数学学习过程中对数学知识的有效组织；三是强调基于数学思维，对数学知识进行整合。

强调数学知识之间的联系，其实就是强调学生对某一个具体的数学知识的学习过程不能是孤立的，而应当是体现出数学知识的有机联系的。从实践的角度来看，从知识的孤立教学到联系教学，并不是一件容易的事情，尤其是对于部分学困生而言，由于其基础与能力的薄弱，他们往往无法在新知识的学习过程中激活旧知识或生活经验，因而这样的整体教学需要针对学生进行优化，而非简单实施。强调对数学知识的组织，从建构主义学习观来说，是强调学生的主动建构过程。一般认为，学生只有在新情境中能够高效组织加工学习素材，这样的知识组织才是有效的。强调对数学知识的整合，实际上是强调学生利用同化或顺应，将新建构的数学知识整合到原有的认知结构中去，又或者是丰富原有的认知结构。

以"圆的标准方程"学习为例，教师可以给学生创设这样的一个学习情境。例如，已知某三角形的三个顶点坐标，教师提问学生第四个点是否在该三角

形的外接圆上。带着这个问题，让学生思考已经学过的圆的定义，以及运用求曲线方程的一般方法，进而推导得出圆的标准方程。还可以设计一些变式问题，如圆心不在坐标原点，让学生求圆的标准方程；给出一个方程，让学生转换成标准方程然后去判断圆心坐标；等等。作为对圆的标准方程的理解，教师还可以设计一个带有提升作用的命题让学生去证明平面上到两个定点的距离之比为定值的点的集合就是圆（实际是圆的第二定义，但换成命题让学生证明，可以更好地培养学生数学思维能力的迁移）。

在这样的设计中，学生对圆的旧知识的回顾，对新情境中问题的解决，以及其他的变式、证明等，可以说是在圆的标准方程探究与运用这条主线引导下的一个完整的学习过程，学生所形成的新知可以在旧知基础之上，形成的也是关于圆的整体认识。学生在探究过程中，思维得到培养，能力发生了迁移，这正是关键能力的重要内涵，因而核心素养的落地也就成为可能。

（二）整体化教学思路的实现

理解了核心素养背景下高中数学整体化教学思路的内涵之后，在日常教学中实现整体化教学的思路，笔者认为应当遵循三个步骤：一是整体化教学的设计；二是整体化教学的实施；三是整体化教学的评价。

这里仍然以"圆的标准方程"教学为例，来做详细的说明。

在教学设计的时候，笔者重点站在学生的角度，思考在回顾方程与曲线的关系的时候，学生会有什么样的想法，又如何引导学生发现本知识学习过程中的解析几何的核心思想，即用代数方法解决几何问题。正是在这样的思考之下，笔者才有了上述设计。

在教学实施的时候，笔者重点关注学生在探究过程中的表现，以判断学生的思维情况有以下的两个细节值得研究。

一是学生在思考第四个点是否在三角形的外接圆上时，实际上能够以"集合"的知识去思考，这是旧知识在新情境中的有效调用，尤其是在没有给出具体三角形而只是宏观地提出问题的时候，学生大脑构建出来的表象是不一样的。这样的问题提出，实际上很利于面向全体学生，尤其是学困生，他们会构建最简单的三角形去理解问题，虽然难度不高，但思维方式并不亚于学优生，因而这样的设计可以认为是整体性较强的。

二是学生在探究圆的定义的时候，运用求曲线方程的一般方法，来推导探究圆的标准方程过程中，有少数学生不习惯用符号去推导，于是他们在草稿纸上会尝试将问题中给出的圆心（a，b）先变成用具体数值表示的坐标，将半径 r 变成具体的数值，然后去探究。探究完成之后再尝试转换回来。尽管是少数学生，但笔者注意到这其实是思维方式有异，这些学生选择字母向数值转变，实际上也是为了自己的思维更加顺利。这在客观上保证了他们探究的完整性，从某种程度上讲，也是整体性学习的有利选择。

（三）整体化教学与核心素养

实践证明，通过整体化教学的设计与实施，教学自身就会形成一个闭环，从而表现出整体性特征。而这样的教学，对于学生的核心素养培育来说，也是非常有益的。新旧知识的联系，实际上是同一思维在新旧知识之间的迁移；对新知识的组织，实际上是利用数学思维加工学习素材并抽象成数学知识；将新旧知识整合，实际上是在寻找新旧知识联系点的基础上，将新知识纳入旧知识体系。这里有着大量的能力参与，也有学习方式的支撑，而后者与品格培养直接相关，从这个角度讲，核心素养的落地是自然而然的事。综上所述，高中数学教学中坚持整体化思路，对于核心素养的培育是有帮助的，而在核心素养的背景下优化整体化教学，则更应当成为重要的策略选择。

（四）整体化教学设计

【案例】导数在研究函数中的应用——单调性

1. 课时设计

（1）课程标准目标

新课标要求学生可以借助几何直观了解导数与函数的单调性的关系；能利用导数研究函数的单调性；对于多项式函数，能求不超过三次的多项式函数的单调区间。

（2）教学目标

基于整体教学，结合本节教学内容，确定本节的教学目标如下。

①通过实例探索发现函数的单调性与导数之间的关系，会利用导数研究函数的单调性和求函数的单调区间。

②通过比较定义法与导数法，体会导数的实用性与有效性。

（3）教学重点和难点

重点：利用导数研究函数单调性。

难点：探索、发现、总结导数的正负与函数单调性之间的关系。

（4）教学方式

教学方式为讲授式、探究式、启发式。

（5）教学过程

导数在研究函数中的应用—单调性的教学过程片段。

2. 基本经验

教师：同学们，我们之前的学习是在函数里研究导数，今天我们把两者颠倒位置，用导数来研究函数。首先我们已经学习了求解函数的单调性，我们依旧从基本经验出发，完成以下习题。求下列函数（分别给出函数1、函数2、函数3、函数4、函数5）的单调区间，指出单调性，并求其导数。

学生 1：函数 1 在上单调递增（得出其导数）；函数 2 在上单调递减，在上单调递增（得出其导数）。

学生 2：函数 3 在上单调递减（得出其导数）；函数 4 在上单调递增（得出其导数）。

学生 3：函数 5 在上单调递增，在上单调递减（得出其导数）。

教师：很好，那同学们再思考，导数的正负与这个函数对应的单调区间有什么联系？我们先看函数 1，在上单调递增；接着来看看这个函数的变式，在上单调递减。由此我们发现对于一次函数，函数的单调性由其斜率的正负性所决定，可以由函数图像判断，也可由函数单调性的定义判断，而一次函数的导数刚好是其斜率，那么是否函数的单调性也能用其导数判断？同学们能结合其他例子，对函数导数与其单调性的关系进行合理的猜测吗？

学生思考、回答问题。

教师：由此我似乎发现，函数在某区间上是单调增函数，那么它对应的导数在该区间的取值是正数；若函数在某区间上是单调减函数，则对应的导数在该区间的取值是负数。

分析：从数的角度计算，联系函数单调性，对导数的正负与单调性之间的关系进行大胆假设，体现知识的逻辑联系，符合整体教学设计。同时，以一次函数的导数与单调性的关系为切入点，给予学生猜想的背景和思考的方向。

教师：很好，从举例的几个函数来分析，是满足同学们的猜想的，这是从数的角度出发。那么从形上是否能体现这个猜想呢？接着我们从形的角度分析，函数图像上升（画图），导数刚好是一次函数的斜率。那么对于画出图像后是满足猜想的。这会不会是特殊情况呢，能不能以更一般的方法说明？能不能回想导数的几何意义是什么？

学生：导数的几何意义就是在一点上的切线的斜率。

教师：很好，那我们来试试看是否满足我们的推论。函数的切线的倾斜角是钝角，切线的斜率为负；函数的切线的倾斜角是锐角，切线的斜率为正，也是满足猜想的。

教师：对于其他几道题，请同学们画出图像，并找出在单调区间上切线的斜率的正负。

（学生画图，并指出切线斜率的正负）

教师：通过上述两个环节，同学们能否得出导数与函数单调性的关系？

学生5：对于一个函数，如果其导数在某区间上是正数，那么该函数就是单调增函数；如果是负数，那它就是单调减函数。

教师：很好，这位同学给出了他的结论，我们下面来验证这个结论到底对不对。既然要研究函数单调性的问题，首先请大家回顾高一时学习的单调增函数和单调减函数的定义。

（学生回顾函数单调性的定义，教师写板书）

分析：从数和形的角度建立了函数单调性与导数的关系，为进行抽象结论做进一步的准备。

教师：那同学们还记得怎么把这个定义改写吗？它的变式是什么？

（学生在学习函数单调性定义的等价形式时，出现了问题，在教师的帮助下才能转化出来，说明学生对这一点认识并不明确。）

教师：变式结论的几何意义是什么？

学生思考、回答问题。

教师：那么它与我们的导数有什么共同之处吗？同学们能不能结合前面所学的知识，再把变式变一变呢？

学生回答问题。

教师：很好，现在我们通过数和形，以及定义的等价形式把函数的单调性与函数的导数联系在一起，现在我们就可以用导数来研究函数的单调性（板书课题），我们一起来下结论。

3.数学抽象

教师：对于函数，如果在（a，b）上，则是（a，b）上的单调增函数；如果在（a，b）上，则是（a，b）上的单调减函数。（教师板书）其实这就是函数单调性的定义用导数的形式。

分析：通过几何意义的比较，学生能更直观理解导数与函数单调性的关系，体会单调性中任意的概念在导数中的意义，即每一点的切线斜率都有正负，加强知识的前后逻辑联系，体现整体教学设计理念。

教师：我们接着来解决刚刚同学提出的问题。函数，在某点上是单调增函数，但与结论不符。我们回过头再看看这个结论，对于函数，在（a，b）上，是（a，b）上的单调增函数，则一定是单调增函数。反之，若是单调减函数，则未必有，如同学举的例子。因此其为（a，b）上的单调增函数的充分不必要条件，而刚才学生4的发现，即函数在某区间上是单调增函数，那么它对应的导数在该区间的取值是正数；若是减函数，则对应的导数是负数，还是需要改进的。至于单调增函数的充要条件则是从函数单调性的定义出发。同学们在学的时候还不忘思考，值得鼓励。大家在求解函数单调性时一定要注意定义法与导数法的区别与联系，定义法是研究函数单调性的基础，是单调性的本质，而导数法是一个有力的研究工具，能给我们解题带来便捷。

教师：我们得到了结论，下面来利用这个结论解决以下问题。

判断在定义域内的单调性；同学们能列出单调增函数的例子吗？如果函数在某区间上单调递增，一定有吗？

解：未必有，反之，若函数在定义域内有，能否说明在定义域内是增函数（减函数）？

（教师举例说明某函数在定义域内不是增函数，因为定义域不连续，需要去掉）

分析：加深学生对导数在函数单调性中的应用，并强调证明函数单调性的充要条件仍是定义，导数判断只是便捷的工具，推动学生对函数单调性知识的整体认识。

4. 数学应用

①分别用定义法和导数法求函数的单调性和单调区间。

②求函数的单调区间，并指出单调性。

③求函数的单调区间。

变题：求单调区间和单调性。

已知在 R 上单调增函数，求取值范围。

变题：在 R 上是单调减函数，求取值范围。

分析：题目难度层层递进，要求学生灵活应用导数来判断函数的单调性、求解单调区间及相关问题，并通过与定义法比较，体会导数在解决函数单调性时的实用性和有效性。

5. 课堂小结

课堂小结围绕本节关键内容，由教师提问并引导学生回答。

①请总结今天学习的内容。

②在学习的过程中体现了哪些数学思想方法？

③试联系学过的函数单调性谈谈你对用导数研究函数单调性的看法。

分析：在课堂小结中，通过问题，学生自主联系函数单调性定义与本节的导数法，可以建立函数单调性全面的知识结构，体现整体设计的意图。

学生反馈如下。

本节共 n 名学生参与教学，从课后作业的反馈情况上看，学生对用导数解决函数单调性掌握得较好，个别同学出现求导数错误的情况，整体来看，解题正确率较高。

在课堂小结的阶段，学生也能通过自身的学习，联系函数单调性理解导数在函数单调性的应用。同时有部分学生指出，导数在解决函数单调性的问题上相对定义法更简便，是研究函数单调性的有力工具，但也提出了反思，即导数法虽然简便，但是在使用的时候需要注意，不具有普适性。还有同学提出函数单调性的定义是定性分析，而导数则是定量分析的观点。从学生的思考来看，学生已对函数单调性有了整体的认识和深入的思考，形成了较完整的知识结构，体现整体教学设计的优越性。

第三节　主题化教学

主题化教学，就是针对社会现实和学生关注的热点焦点问题，打破原有教材的章节体系，对教材内容重新进行整合，从中选取若干问题形成专题进行深入分析讲授的教学方法。它并不是脱离教材另搞一套，而是以教材的知识体系为基础，根据教材的内容重新组织、编排、提炼相关知识，形成教师自己的观点和看法，使之在专题这一系统内重新系统化。教师要根据学生的认知能力和知识自身的逻辑规律，不断挖掘和整合教材，按照一系列的主题进行教学，实现知识的纵向联系。

一、理论内涵

核心素养导向的主题化教学模式的设计应遵循以下原则。

（一）因材施教：主题化教学模式关注差别、异步教学

"因材施教"作为一种教育思想，注重在人的差异基础上通过不同的教育方法，促进每个人的发展，是科学求实的。完美实行"因材施教"的是孔子，其基础就是对学生的充分了解。《论语·学而》中，孔子指出："不患人之

不己知，患不知人也。"他认识到"知人"的重要性，因此他十分重视"知"学生，认真分析学生的个性。

《论语》中孔子所采用的多种方法，可以作为他山之石。其一，对不同智力水平的学生采用不同的教育方法。据《论语·阳货》，孔子认为，学生的智力水平是不一样的，大致分为"上智""中人""下愚"三类。而在《论语·雍也》中，孔子提出："中人以上，可以语上也；中人以下，不可以语上也。"即在教学中对不同智力水平的学生应该采用不同的教育方法，因人施教，教给他们与智力水平相符的知识。否则，欲速则不达。其二，针对学生的个性特点进行教育。孔子认为，学生的个性特点千差万别，因此教学的方法应有所不同，教学的内容应各有侧重，不能千篇一律。其三，根据学生的年龄特征、兴趣爱好进行教育。不同年龄的学生有不同的需要，应区别对待。

（二）取舍整合：主题化教学模式挖掘深度、拓宽广度

实施主题化教学模式，教师可以在放弃传统时序性和整体性观念的基础上，塑造更高层次的时序性和更深刻的整体性的新观念，使之成为教与学的新纽带；可以避免传统知识性教学单纯传授理论、空洞讲解理论的说教做法；可以根据学生的特点和需求组织更多的素材，引发学生对现实问题的思考，帮助学生深刻理解理论的内涵，拓宽教学的深度和广度，唤起学生探知的欲望，这可以解决"老师是新的，理论是旧的"这种"新人炒旧饭"的痼疾，真正发挥课堂的吸引力和感染力，提高学生对课堂的认同感和兴趣。

（三）直面热点：主题化教学模式贴近现实、启发思考

实施主题化教学模式，每个主题化的设置都能够与社会现实、学生生活，尤其是与学生关注的热点问题紧密相连，可增强教学的针对性和实效性，既满足学生的求知欲望，也唤起学生的学习兴趣。教师可以在设置专题时找出每个专题的理论重点和闪光点。围绕着理论重点和闪光点，大量收集相关信息，掌握多方面的材料，使主题的内涵更丰富，以利于学生运用辩证思维理解现实问题，借助现实问题来思考理论问题。教师还可以在课堂上组织学生进行专题讨论或辩论，以锻炼学生的资料收集能力、语言表达能力、团队合

作能力和心理素质，达到提高学生综合素质的目的。

在主题化教学模式的引导和启发下，学生学有所思、思有所感、感有所悟、悟有所发，从而大大激发学生的学习兴趣，使其入耳、入脑、入心，才能润德端行，引导学生成为社会需要的人才。

二、高中数学主题化教学策略

高中数学主题教学模式旨在迎合新课程改革发展目标，能够将高中学生心智、能力发展特点，以及高中数学内容特性等加以考虑，能够促进学生学科核心素养水平的提高。因此，高中数学主题教学模式生成策略的提出刻不容缓。对于主题教学模式来说，主题是"题眼"，是主题教学模式中的中心思想，这也是其优于普通教学模式之处。与普通的教学模式相比，高中数学主题教学模式在教学环节方面秉承了以确立教学目标、创设教学情境、设计教学活动及构建教学评价为主要教学环节的教学方式，其每一部分之间联系更加紧密，每一个环节的好坏都直接影响到数学教学的质量；同时高中数学主题教学模式能够更好地贴合新课程标准，将其思想理念更好地应用于高中数学主题教学中。因此，高中数学主题教学模式的生成策略将从主题的确立及教学过程各环节的设计两个方面来具体阐述。

（一）主题的确立策略

对于高中数学主题教学来说，主题是整个教学过程的"统筹者"，应用主题教学模式开展高中数学教学都是从主题的确立开始的，有趣且丰富的主题对于主题教学模式的顺利开展来说是事半功倍的。通过对新课程标准及高中数学主题教学模式现状的调查研究可以发现，以学生为主、充分考虑数学文化，以及能够引发学生重视数学应用意识的主题是能够较大程度地对主题教学模式的教学效果起到助益的。那么，接下来将主要从这三个方面对主题的确立策略进行阐述。

1.立足于新课程标准，联系数学文化

如前文中所说，新课程标准的提出并不是空穴来风，其内容本身也不是毫无现实依据的空谈。对于现阶段高中数学教学过程来说，新课程标准中提出的课程理念、课程目标及核心素养都是数学教师在准备教学时应该考虑的关键之处。

作为高中数学主题教学模式的"中心思想"，主题更是应该以新课程标准为主要的确立依据。

主题应该充分体现新课程标准的基本理念，做到能够灵活、开放地引导学生在设计的活动中积极地进行体验。新课程标准中提出的基本理念实际上是基于数学课程性质而建立起来的有关思想立场及价值体系的培养目标。因此，教师在确立主题时，应该充分考虑新课程标准中提出的基本理念中对学生数学学习能力、数学学科核心素养方面的期望及要求，最终确立的所有主题都应使"人数统筹"、整合数学思维及活动理念在主题中得以充分体现。除此以外，教师还应该将数学教材内容中隐藏的探索性挖掘出来，通过主题的确立，设计一系列的数学情境使每一学生都能够在探索性活动中进行体验，从而能够实现建立主题与新课程标准中基本理念之间的有效桥梁的预期目标。

主题应该立足于数学学科核心素养，紧贴素养水平划分标准，合理划分、科学确立。作为新课程标准下的高中数学主题教学模式，其主题的确立更应该将数学学科核心素养的内涵及其水平标准囊括其中。由此，教师能够在明确学生能力水平的同时，提炼出迎合数学学科核心素养的有效主题，来指导整个高中数学主题教学模式的应用过程。同时要明确的是，在新课程标准和学生之间，高中数学教师担当着"消化系统"的角色，需要将新课程标准中的所有内容经过消化、吸收，把对学生有益的"营养物质"传达给学生，使得学生能够在新课程标准的大环境中完善数学学习过程，切实提升数学学科核心素养的水平。

主题应尽量渗透数学文化。新课标中对数学文化的解释使其不再是空泛的词语，而其中所包含的思想、方法等内容更是在以往高中数学教学中教师老生常谈的问题。因此，在教师设置主题时，可以适当将数学文化中的部分内容作为主题，或者是主题的一部分，达到依据该内容能够将数学内容连成知识网络、构成知识体系的目的，使学生能够将数学知识通过数学文化相联系，进行系统整合，方便学生理解、复习。

总之，主题应该能够体现新课程标准的基本理念，迎合数学学科核心素养，联系数学文化，激发学生学习数学的欲望，在日常教学过程中渗透新课程标准，深切落实新课程标准，促进学生数学学科核心素养的达成。

2. 依据"学情"，重视"学程"

在现阶段数学教学过程中，教师重点要进行考虑的就是如何能够确立学生的主体地位。那么对于高中数学主题教学模式的主题来说，更是要将学生的价值取向及兴趣爱好列入重点考虑范围，注重学生数学学科核心素养的达成。总而言之，就是以学生为主。

一方面，教师应该时常了解学生情况，做到对"学情"了如指掌。对于高中数学主题教学模式来说，对于学生情况的了解程度是主题是否能够准确生成的重要依据。通常来说，学生情况不仅仅包括学生的考试成绩，还包括学生日常生活中的兴趣。而且从心理学角度出发，高中生十分喜欢追求新鲜事物，并且从众心理显著，在数学的学习过程中这种心理表现得更是淋漓尽致。因此，在日常数学教学过程中，教师应关注学生感兴趣的学习内容并做好记录，由此建立学生的"学习兴趣"基础；在日常学习之余，教师可以在获得有效教学反馈的同时，了解学生平时的兴趣爱好、感兴趣的时事热点或者是学生的不同关注点，由此建立学生的"日常兴趣"基础；在日常备课时，教师也应该考虑日常生活中能够引发学生兴趣的正能量因素，由此建立学生的"零碎兴趣点"基础，"三箭齐发"，有趣又有料的主题就油然而生了。

另一方面，教师应该重视学生学习数学的过程，而不是只重视教授过程。其实从国外大量的文献中可以看出，数学教师在应用主题教学模式进行数学教学时，会把更多的机会留给学生，会十分注重学生的课程参与度；主题的设置会比较开放，能够引发学生的无限思考；主题的实践性强，能够较大程度地将学生探索、研究的过程展现在课堂中。因此，在主题确立的过程中，在考虑学情的基础上，还应该将主题放在高中数学教学环境中去考虑。不仅要考虑主题是否具有教学价值，是否能够激发学生的数学探索欲，是否能够较大程度地促进学生的有效学习，也要考虑主题是否能够衍生出极具探索性、研究性的教学情境，是否能够提出引发学生思考的数学问题，是否能够增加学生的参与程度，教师是否能够通过自身的引导等途径让学生自主地进行学习等问题，使得学生在获得主动权的同时达到拓展思维的目的。

总之，对于主题的确立过程来说，要将学生放在首要考虑的位置，依据真实"学情"，重视有效"学程"，真正确立学生的主体地位，促进学生数学学科核心素养的达成。

3.结合双向经验，师生共同参与

基于新课程标准的提出，教育部提出了相对完善的教育改革方案，即使是在特殊时期，教育部仍然表示要稳步进行教育改革，由此可见新课程标准环境下的教育改革是教育发展中不可忽视的必然趋势。而高中数学教师通过大量教学实践所积攒的教学经验就是能够推动教学改革不断进行的中心动力。除此以外，教育改革的大趋势便是在高中数学教学活动中增加学生的参与度，使教学过程能够实现师生合作。由此，结合教师的以往教学经验，并且由师生共同合作所确立的主题能够指导高中数学主题教学模式，从而推进数学教育改革。

主题应结合教师与学生的双向经验，同时做到借鉴和联系。对于高中数学主题教学模式来说，若是能够在某一知识层面引起学生的共鸣，从而激发学生兴趣，教学效果就能得到显著提升。高中数学教师的教学经验是教师在以往教学过程中通过观察、体验等方式所积累的，是带有鲜明的数学学科特色的。不仅契合高中生情智的延续性，也是基本符合现阶段高中生数学学习特点的。而学生的生活经验则是学生在"家、校"这种比较单纯的环境中所积累起来的，具有地域性及相仿性的特点。因此，主题应通过教师经验及学生经验的双向结合产生，从而能够构建有意义的双边互动。

主题可以由师生合作确立，而不是完全地由教师提供。高中数学主题教学模式并不是单纯地以教授知识为目的的，学生也是需要参与主题的确立过程的。实际上，在学生自身价值取向及生活经验等方面的影响下确立的主题更能够贴合学生的思维方式。在确立主题时可以从学生提供主题开始，引导学生通过合作交流、查阅相关资料或者是整理数学错题及易混淆数学知识点的方式提出相关的感兴趣的数学问题，教师再整理学生的各种数学问题，将重合率高并且具有研究价值的问题加以整合形成带有鲜明数学特色的主题。

总之，在确立主题时，不能够一味地追求新意，而是能够让学生更多地用数学的眼光去看待世界，用数学语言去表达自己的所思所想，在高中数学教学过程中真正意义上的实现学生自主学习，更有意义地推进数学教育改革，一举多得。针对主题确立策略，笔者根据数学模块内容列举了一系列适用于高中数学主题教学模式的主题内容，见表6-1。

表6-1 主题举例

数学模块	主题
函数	得与失的较量 —— 金融数学
	"不一样"的曲线世界
	平行定理的历史发展
几何与代数	杠杆原理 —— 直线与圆的位置关系
	维度之争 —— 代数面面观
概率与统计	统计之星 —— 数据从何而来
	数学的"大数据时代"
数学建模活动与数学探究活动	时事 —— 从数据角度时事走向

（二）主题教学模式各环节的教学策略

如果说主题是高中数学主题教学模式的"指导者"，那么，模式中每个环节的设计就是为高中数学主题教学模式"增添血肉"的过程，基于教师对各类文献的研究成果及对自身的教学理解，将从教学目标、教学情境、教学活动及教学评价四个方面提出高中数学主题教学模式的生成策略。

1. 教学目标的形成

通俗来说，高中数学课程的教学目标主要就是将学生在数学课中需要获得的数学知识、达成的数学学科核心素养用简练的语言清晰、准确地概括出来，是对学生的数学学习性成长的预期效果。

教师要先确定主题教学目标的大致需求方向。教师在基于某一确定主题的情况下，要立足于数学课程理念及课程目标，结合相关数学内容，准确把握想要达到的预期效果与现实情况间的具体差距，主要表现在学生的数学能力差距、数学思维水平差距、数学学科核心素养水平差距，以及相关数学意识等方面的差距。由此可以确定主题教学目标的大致方向。教师在能够准确把握主题教学目标需求后，要形成主题类目标。在这一过程中教师首先就是对教学目标进行大致的分类，分类的维度应该与新课程标准中的课程目标保持一致。在分析过程中，教师要明确主题目标需求与对学生的预期效果，将能够实现学生数学学习性成长的具体途径进行领域性划分。在这一过程中也应该根据具体的授课环境及学生情况进行灵活划分，并不是一成不变的。在进行分类之后就是形成具体的教学目标。

这一过程主要是将主题目标进行适当的筛选、转化，提炼出有指导意义的、具体的教学目标。教师要注重学生数学学科核心素养在数学课程中的达成，从而确立"立竿见影"的教学目标。最后就是对教学目标的具体表述。教师应将以往教学目标中关于条件及表现方面的限定条件放宽，适当地引导学生能够自主选取多元方式在数学教学过程中进行探索性学习，从而使学生能够获得数学学习性成长。例如，以"多姿多彩的曲线世界"为主题的主题教学目标，见表6-2。

表6-2　主题教学目标

主题内容	教学目标表述
多姿多彩的曲线世界	知识与技能：通过对日常生活中实际问题的分析，了解椭圆、双曲线的概念，掌握其标准方程以及相关性质 过程与方法：通过自主预习、合作学习、小组探究等方式体会数学思想方法的运用 情感、态度与价值观：在解决实际问题的过程中，提升学生学习数学的兴趣，感受数学的变化之美，体改学生的数学应用意识，培养学生的数学学科核心素养

总而言之，教学目标是新课程标准课程目标的延续和发展，能够有效促进学生数学学科核心素养的形成。因此，在生成高中数学主题教学模式的教学目标时，教师应该紧随课程目标，将学生需要培养的数学思维及提升的数学意识水平通过简洁、准确的语言表达出来，生成切实有效的教学目标。

（三）主题化教学设计

【案例】"数列、等差数列及等比数列的概念"教学设计

1. 教学目标

（1）知识与技能：理解数列、等差数列及等比数列的概念，掌握数列分类，并且能够联系实际举例子。

（2）过程与方法：通过自主学习、合作探究的学习方式培养学生分析问题、解决问题的能力，做到活学活用。

（3）情感、态度与价值观：启发学生思考，感受数学与实际生活息息相关，提升数学核心素养。

2. 教学重难点

教学重点：数列、等差数列及等比数列的概念。

教学难点：从具体实例抽象出数列、等差数列及等比数列。

3. 教学方法

根据数列的内容特点，为了全面实现教学目标，本节课使用以 PPT 演示为主、教师板书为辅的教学形式。课堂教学过程中主要采用讲授法、讨论法等教学方法。

4. 教学过程

（1）问题导入

教师：古希腊毕达哥拉斯学派的基本观点是万物皆数，他们喜欢研究一些数的规律。例如，他们研究过的三角形数，三角形数是可以用三角形的点阵来表示的数。类似的，他们也研究了正方形数（教师启发学生观察图形数量特征，注意数的顺序）。

学生：根据 PPT 展示内容，回答教师问题。

设计意图：借助多媒体技术培养学生的直观想象能力，提升数学核心素养。

教师：意大利数学家斐波那契提出的一个关于兔子繁殖的问题（运用PPT展示兔子繁殖的数量变化过程）。

学生：观察并回答。

教师：这就是有名的斐波那契数列（并解释斐波那契数列）。

教师：我们再来看一个生活中的斐波那契数列的例子（展示一幅幅花朵的图片，列出每朵花由内向外的花瓣数目）。

学生：根据图片内容，依次说出花瓣数目。

设计意图：①将文字语言抽象为数字，体会用数字刻画图形的特征，以及排列的顺序性，培养学生的数学抽象能力；②借助学生身边的生活实例，通过实际问题提高学生的数学阅读能力，引出本节课的主要内容——数列。

教师：归纳以上例子的共同点。

学生：先独立思考，后小组讨论总结共同点。都是一列数；有一定的次序。

设计意图：在归纳总结的过程中，学生会有多角度的发现，要对学生有创新意识的回答予以肯定，然后采取有效的方法逐步引导，让学生经历观察、猜想、验证的数学活动，培养逻辑推理、数学建模以及数据分析的能力。

（2）讲授新课

①数列的概念。

教师：按照一定次序排列起来的一列数叫作数列。

思考：4，5，6，7，8，9，10与10，9，8，7，6，5，4是否相同？1，1，-1，1是否是一个数列？

学生：联系数列的定义，回答教师提问。

教师：强调数列中的数是有顺序和可重复的，与集合的无序性、互异性进行对比。

设计意图：通过两个思考题，帮助学生体会数列中"顺序"的含义，加深学生对数列概念的理解与掌握。

教师：我们的生活中还有哪些数列的例子呢？

学生：思考后回答。

教师：将学生所说的数列一一写在黑板上。

设计意图：通过实际问题让学生体会数列在生活中的具体应用，加深学生对数列概念的理解，为数列的分类做好铺垫，培养学生将实际问题抽象出数学本质特征的能力，强化建模意识。

教师：观察以上数列的项数是否有限，以及数列各项的大小关系。

学生：认真观察，思考老师的问题，小组讨论，分享探究成果。

教师：引导学生观察发现，给出数列的分类。

设计意图：让学生在小组活动中充分经历、归纳，帮助学生建立数据分析观念和意识，培养数据分析能力。

②等差数列的概念。

教师：观察以下数列中相邻两项的差有什么关系。第一个，鞋的尺码，按照国家统一规定，有 22、22.5、23、23.5、24、24.5 等；第二个，过去三百多年观测到哈雷彗星的年份有 1682 年、1758 年、1834 年、1910 年、1986 年；第三个，一般情况下，从地面到 10 公里的高空，气温随高度的变化而变化符合一定的规律，请你根据下表（表 6-3）估计一下珠穆朗玛峰峰顶的气温。

表 6-3　气温随高度变化表

高度（km）	1	2	3	4	5
温度（℃）	28	21.5	15	8.5	2

教师：上述几个数列有什么共同的特点？

教师分析：对于第一个数列，其第二项与第一项的差为 0.5，第三项与第二项的差为 0.5，第四项与第三项的差为 0.5。也就是说，从第二项起，每一项与前一项的差都为 0.5；同理，其余数列相邻两项的差是怎样的呢？

学生：归纳总结，回答教师的问题。

教师：归纳以上数列的共同特点，给出如下等差数列的定义。

一般，如果一个数列从第二项起，每一项与它的前一项的差都等于同一个常数。这个常数叫作等差数列的公差，用字母 d 表示。

教师：以上数列的公差是什么呢？

学生：回答数列的公差。

教师：满足等差数列需要注意的三点，即从第二项起、每一项与前一项的差、同一个常数，三者缺一不可。

设计意图：体会等差数列是一类特殊的数列，掌握等差数列的概念；培养学生的逻辑推理、数学建模以及数据分析能力。

教师：你能预测下一次观测到哈雷彗星的时间吗？珠穆朗玛峰峰顶的温度又是多少呢？

学生：计算后回答老师的提问。

设计意图：提高学生的数学运算能力。

③等比数列的概念。

教师：国王为奖励象棋发明者，在棋盘格子中放麦粒的故事。教师运用 PPT 展示过程。

学生：对故事进行总结。

设计意图：培养学生的直观想象能力。

教师：庄子曾说"一尺之棰，日取其半，万世不竭"，你能用一列数表示一下吗？

学生：思考讨论后回答。

教师：类比等差数列，总结上述数列的共同点，并归纳出等比数列的概念。

设计意图：帮助学生积累从具体到抽象的活动经验，培养学生的数学概括能力，提高逻辑推理能力；把握事物的数学本质，深入理解等比数列的概念，让学生在学习知识的过程中体会数学思想方法。

（3）学以致用

教师：判断例 1 能否构成数列；判断例 2 的数列类型；判断例 3 数列是否构成等差数列或等比数列，若是，说出公差或公比。

设计意图：通过例题巩固本节课所学的内容，提高学生的数学抽象、数学建模、数学运算、数据分析能力，培养数学核心素养。

（4）课堂小结

教师：通过本节课的学习，你收获了什么？

学生回顾、讨论。老师补充后，总结如下。

①知识方面：数列的定义；数列的分类；等差数列、等比数列定义。

②思想方面：学生提高了分析问题、解决问题的能力；学生养成了由具体到一般的研究问题的方法。

（5）布置作业

教师分层布置课后练习题。

设计意图：①总结复习重点知识，便于学生建立自己的知识结构；②作业是对本节内容的延伸拓展。

第四节　问题化教学

问题化教学是一种以教师教学方式的变革来达到学生学习方式的变革的教学思路。它强调把学习设置到复杂的有意义的问题情境之中，通过让学生合作学习来解决真实性问题，掌握隐含于问题背后的科学知识，寻找解决问题的技巧，提升自主学习的能力，实现知识的横纵联系。

一、理论内涵

课堂提问是课堂教学艺术的组成部分，也是教学反馈的重要手段之一。结合学生的已知，从教材知识的纵向维度（深挖教材具体的知识点）、教材知识的横向维度（系统化教材中不同章节的关联知识）、学生能力维度（从思维上引领，培养学生化繁为简，一以贯之的思维能力）处理教材，设计教学问题，使问题具有针对性。核心素养导向下的问题化教学，其设计问题应遵循以下原则。

（一）问题的明确性

不明确的问题会使学生的思维缺乏定向，失去目的性，造成胡思乱想的心理状态。设计的问题要明确：一是要抓得准，摸得透，有的放矢，每次发问必有所为，或引起注意，或强调重点，或激发思考，均须符合教学目标；二是要措辞确切，用语一定要准确、恰当，能真正表达应该表达的意思，回答的活动范围要小，尽可能从一个角度去问，不产生歧义。

（二）问题的适度性

首先，设计的问题必须难易适度。这样的问题有一定的思考价值，学生要经过一番运用概念进行推理、判定，才能回答出来。就像爬坡一样，用点力才能上坡；又像摘桃一样，只有跳一跳，才能够得着。正如赞科夫（Владимирович）所说："对于学生来说，教学内容应具有适中的复杂程序和难度。"要想所设计的问题难易适度，与学生个人努力产生共鸣，一方面要从教材的实际出发，紧扣教学目标和重难点，以领会知识和运用知识为前提，具有一定难度，当然这个难度是学生通过努力能够跨越的。另一方面，要从学生的实际出发，根据学生已有的知识积累和实际能力来确定问题的难易程度，不偏难或偏易。

其次，设计的问题必须数量适度。教师对课堂中所提出的问题应精挑细选，严格控制数量，克服提问的随意性。

（三）问题的激发性

假如一个教师想用知识去照耀一个学生，教师就必须首先引起学生的注意，应该用一切可能的方式把学生的求知欲望激发起来。教师课堂上所提的问题必须具有激发性，使学生听后产生浓厚的兴趣，引起学生注意，激发学生思维。在实际教学中，教师要善于抓住教材中主要内容的奇巧之处来提出疑问，以便让学生质疑争论；善于抓住课文中的重大线索提出问题，以引起学生思考；善于把握教学时机，激起学生思维的波澜，特别是要善于抓住课文中不被学生注意，但却是应该着重理解的内容设计一些问题，增强对学生大脑刺激的强度，促使学生深思。

（四）问题的灵活性

设计课堂提问不可机械死板，类型应灵活多样、新颖别致。初读课文时可用疏导性提问，深钻课文时可用探究性提问，品味精华时可用鉴赏性提问，等等。同时，还必须注意课堂上师生双方互动时出现的异常情况，一旦发生异常更应灵活处置，当场设计一些调控课堂的提问来调整教学活动。对教师的提问，学生回答出现错误是正常现象，教师应迅速准确地判断出学生出错的根源，灵活地提出一些有针对性的新问题，从而化解疑难。

二、高中数学问题化教学策略

（一）从观念上认识到问题化教学法的重要性，加强对问题化教学法的初步认识

众所周知，数学这门学科既枯燥又抽象，它的研究对象是抽象的思维活动的形式或结果，所以学生理解起来非常困难，而且每个学生对问题的理解能力、自身的学习能力和知识面的大小都是不一样的。高中数学最基本的特征就是抽象，它的抽象性使它非常难以被理解，它是以先前思维活动的形式或结果作为直接的研究对象的。在学习任何一样新知识时，都需要以原来的旧知识为依托，温故知新不是没有道理的。

但是，多年来，教师的教学思想被老旧的教学方法充满了，老师们的教学方法就是一直不停地讲，将知识硬灌给学生。没有让学生参与到教学当中去，学生没有自发学习的兴趣，不感兴趣硬塞的东西肯定是谈不上有质量的教学的。其实，对于高中教师来说，教学生不是说就是让学生会解一道题，而是让学生知道怎么去学习数学，如果遇到题目该怎么去解，从哪方面入手去解。这就需要教师运用新的教学方法，用导学式教学将教学质量提升上来。使得学生对解"熟悉题"有兴趣，让学生成为学习的主体，而不是置身事外眼巴巴地聆听。

当教师实施新的教学方法之后，就会发现学生成了课堂的主人，学习的积极性上来了，他们不再害怕教师，而是觉得教师是他们的朋友，因此和教师能够进行平等的交流、和谐的相处，让课堂氛围变好了，学生的主体性得到了很好的发挥。

（二）科学地进行问题设置

新课程标准告诉人们，充分调动学生主动学习的积极性，使学生在自主、合作、探究的学习氛围中能亲身体验到数学发现和创造的研究历程，有助于提高学生的创新意识和实践能力，为学生的终身发展奠定基础。如何有效地提高数学课堂导学的效果，在课堂问题的设置上还应做好以下三点。

1.问题要有科学性

数学是一切自然科学的基础，它的学科性更为突出。导学中教师要从科学、严谨两方面把握好该学科的基本特性。高度抽象是数学的一个基本特点，要解决数学问题，有时不易发现其内在的联系和规律，因而往往要从"抽象"到"具体"进行科学的探究。数学的严谨是该学科的又一特点，对数学概念、定理的叙述必须精练、准确，结论的推理和系统安排既严格又周密。在初、高中阶段的数学导学中，教师要把握严谨性和量力性相结合的原则，准确地理解"淡化形式，注重实质"的精神，对概念、定义、定理的导学，必须准确地分析，揭示出本质特征，对公式法则、结论要在灵活性的前提下进行拓展、变式应用。

2.问题有明确性和针对性

教师在设计问题的过程中对教材内容要深入钻研，准确把握细致分析，适度拓展，以求设计的问题紧扣教材，能通过这些问题实现教学目的，突破教学难点，让学生能够明确要做什么、怎样做，为什么要这样做。

3.问题有匹配性和有效性

教师设计问题时要充分考虑到学生的知识现状，设计的问题要切合大多数学生的实际，使问题有层次性和有效性，既要考虑到学困生，又要考虑到学优生的情况，以满足全体学生的需要，同时问题的难易要适度。问题要体现梯度性、延伸性，以便课堂提问时先易后难，由浅入深，化难为易，循序渐进。

（三）合理设置问题导学情境

作为高效便捷的教学方法，问题化教学法主要以问题为核心，促使学生自主探讨，使学生在讨论问题的过程中培养自身的学习能力，实现高中数学教学目的。数学在高中毕业考试中的分数比重较大，所以不容忽视，实际教学过程中，必须要构建良好的问题情境，激发学生自主学习的欲望和动机，培养其自主学习的良好习惯。

轻松、活跃的课堂教学氛围，可以充分调动学生学习的积极性，提升课堂教学质量。所以，在现实的教育与学习的过程中，高中数学老师必须要充分考虑到学生的学习情绪和心理，要根据高中学生的情况，合理安排、设置问题教学情境，以增强学生的课堂参与意识，提高学生的学习效率。

在开展课堂教学活动之前，数学老师应该深入地研究课本教材，要依据学生的知识水平和学习能力，精心设计课堂提问，积极创造良好的问题教学情境，以激发学生的学习欲望，提高课堂教学的有效性。例如，在学习"集合"时，教师可以把学生的兴趣爱好看成一个集合，让学生根据兴趣爱好的不同，来了解交集、并集等概念，以加深学生对集合概念的认识和理解，提高课堂教学的效率。

（四）注重数学问题指导，鼓励学生自主思考

老师在设计问题的过程中，一定要多考虑不同层次学生的具体水平是不同的，老师要注意问题的层次性和多元化。与此同时，老师在课堂上还要更多地、积极地鼓励学生努力思考，这样可以更好地促进学生的积极性，加深学生对于知识点的理解。老师要不断地调动学生的积极性，鼓励他们从各个角度来思考问题，要锻炼学生的发散性思维，这样才可以更好地提升学生的能力。

问题化教学法的主要目的就是引导学生进行自主的学习和探讨，所以在问题化教学法实施的过程中教师应该注意点拨学生进行自主思考，培养学生进行自主学习的能力，鼓励学生勇于实践和解决问题，调整学生的学习方法，争取能够达到最佳的学习效果。问题化教学法的目的就在于培养学生的自主学习，所以在教学内容的编排上应该注意增加学生讨论的时间。例如，在学到排列组合的时候，教师可以将学生分成小组，每个小组都编写一道有关排

列组合的问题，并计算出结果，再交由其他组进行计算，最终对他们的结果和方法进行评定。

（五）加强学生间的互动交流，引导学生梳理问题

问题化教学法在高中数学中实施之后，学生必然会提出大量的问题，这些问题可能是跟教学内容联系比较紧密的，也可能是与教学内容不太相关的，教师针对这些问题要引导学生选择那些有一定教学意义的问题进行提问，对那些趣味性较强的问题可以作为课堂互动部分进行讨论。教师在引导学生梳理问题的过程中，应该注意选择那些有代表性的问题进行综合的讲解，进一步提高学生的感悟能力，让学生能够自主提出有讲解意义的问题，培养学生有目标地进行探究和感知，进而能够做到自主地解决问题。

在课堂教学的过程中，老师要充分发挥集体探讨的作用，鼓励学生分小组进行讨论，最后总结出答案。只有通过学生自己的探讨得出的结论，才能够加深学生对知识点的理解。

（六）因材施教，注重学生的参与性

注重因材施教和学生的参与性是问题化教学法实施的关键。学生只有参与到课堂教学之中，才能够配合教师教学，开动脑筋，主动探究，积极思考教师设置的问题。因此，只有注重学生的参与性，针对学生实际情况因材施教，才能取得较好的教学效果。学生学习基础不同，学习能力不同，解决问题的能力也不同，教师在设置问题时需要注意这一点，问题不能千篇一律，需要具有针对性，使各个阶段的学生都能参与到课堂教学之中。

以"三角函数的诱导公式"为例，本节课难度较大，学生学习具有一定难度，针对三角函数公式推导等难点问题，教师需要找数学基础好的学生进行回答，既能促进学生思考，也能加深学生的印象；对一些相对简单的公式记忆与应用等问题可以找一些数学成绩不是很好的学生回答，在学生回答正确后立即给予表扬，让学生感受到教师的关注，从而增加学生的学习自信心。

（七）问题化教学设计

【案例】"三角函数的诱导公式"教学设计

1. 课例简介

在教授"三角函数的诱导公式"一课时，因为该课时主要是对三角函数诱导公式的前六部分进行讲解。在此之前，学生已经完成了全部角的三角函数知识的学习，已经比较熟悉三角函数的基本定义，且对三角函数线等知识内容也有一定的基础，这些知识有助于对本节知识的学习。并在此基础上，可以更好地引导学生深入学习诱导公式（第一课时）和诱导（第二课时），为接下来三角函数求值和简化等知识内容的学习打下坚定的基础。

（1）教学目标

①学生掌握三角函数的诱导公式，可以熟练使用相关的诱导公式完成对角的正切值、余弦值，以及正弦值的求解，并具备证明恒等式与化简简单三角函数的能力。

②利用单位圆具体的对称关系，将相应的诱导公式先进行观察，然后推导出来，学生不断地对这些公式进行应用，了解如何从未知逐渐变成已知，逐渐从简单深入到复杂，逐渐从陌生到熟悉，进而更好地培养、提升学生分析与解决问题的能力。

③学生学会怎样将问题提出，并亲身体验解决问题的过程，逐渐锻炼学生良好的科研与探索的思维习惯。

（2）教学重点

怎样利用终边相同角的三角函数将公式一推导出来；如何结合单位圆；利用数形结合的方式怎样引导学生将诱导公式分别推导出来。

（3）教学难点

怎样将圆的相关几何特性，特别是其中的对称性，建立与三角函数的联系，另外怎样讲解清楚不同三角函数之间的关系，还有就是角 $\pi+a$、$-a$ 的终边与角 a 的终边的关系如何确立。

2. 引入问题设计及学生活动

①怎样定义正余弦函数以及正切函数。

当学生完成了回答相关问题后，由教师在黑板上整理这些内容：首先假设角 a 的终边同单位圆的交点，设为 $P(x, y)$。这个问题的设置在学生已掌握的知识范围内解决起来得心应手。

②终边相同的角有什么关系，终边相同的角三角函数值有什么关系？你能否举几个例子（小组合作探究）。

由各组派小组长上台回答展示，并总结归纳出公式 1。

③公式 1 的用途。

教师逐渐指引学生学会对所学知识进行总结：利用公式 1 得到的某个角的三角函数值，经过相应的转化方式，就能实现对 0 到 2π 之间任意一个角度的三角函数值求解出来，通过之前的训练，在 0 到 $\pi/2$ 范围内，学生已经可以熟练进行任意角的三角函数值的计算，假如能够将 0 到 2π 范围的三角函数值计算转变成对 0 到 $\pi/2$ 范围内的计算，那么就解决了对任意角的三角函数值的求解问题，也就能达到这节课教学的教学目的了。学生在这个环节中通过交流合作初步体验到自主探究新知的乐趣，为接下来更加深入的学习提供良好基础。

3. 设置问题串帮助学生构建新知

①假设 β 是 0 到 2π 范围的任意一个角，是否可以将 π、2π 等角度与 0 到 $\pi/2$ 范围内的某个角度 α 形成某种对应的关系？（小组讨论展示）这个问题旨在引导学生关注到任意一个 $(0, 2\pi)$ 内的角 β，由特殊到一般，更具有探究意义，有利于拓展学生的思维。

经过学生讨论和回答，发现有四种情形。

因此只需研究 $\pi-a$，$\pi+a$，$2\pi-a$ 与 a 的三角函数关系。

②观察单位圆（图6-1），回答下列问题：角 α 与 $\pi+a$ 的终边的对称关系如何？角 α 与 $\pi+a$ 的终边同单位圆形成的交点设为 P，那么 P 与 P_1 的对称关系如何？ P 与 P_1 的坐标之间的关系如何？

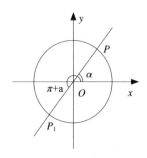

图 6-1　解题图 1

学生：角 α 与 $\pi+a$ 的终边是关于坐标原点呈现对称关系；角 α 与 $\pi+a$ 的终边同单位圆形成的交点 P 与 P_1 之间也是关于原点对称的关系；P 的横纵坐标与 P_1 的横纵坐标大小相等，方向相反。

③是否可以利用角 a 与 $\pi+a$ 的终边的位置关系推导出两者三角函数值之间的关系？（学生自主探究展示）

学生：设 $P(x,y)$，则 $R(-x,-y)$，由三角函数的定义得到公式2。

④假如 α 不在 0 到 $\pi/2$ 的范围内，那么该结论是否还是正确的？

学生：由于角 α 与 $\pi+a$ 的终边是关于坐标原点呈现对称关系，因此可以认为上述的结论依然正确。

⑤如图 6-2 是一个单位圆，通过观察，将角 a 的终边围绕单位圆旋转一圈，得到的问题包括：角 α 与角 $-\alpha$，二者的终边具有的对称关系如何？角 α 与角 $-\alpha$，二者的终边同单位圆形成的两个交点 P 与 P_1 之间具有的对称关系如何？③P 与 P_1 各自的坐标关系如何？

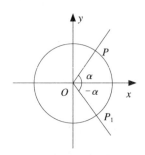

图 6-2　解题图 2

学生：角 α 与 $-\alpha$ 的终边关于 x 轴对称；角 α 与角 $-\alpha$，二者的终边同单位圆形成的两个交点 P 与 P_1 之间是关于 x 轴对称的关系；P 与 P_1 具有相同的横坐标，而纵坐标大小相等，方向相反。

⑥是否可以利用角 α 与 $\pi+a$ 的终边位置关系，将二者的三角函数关系推导出来？

学生：推导出公式 3。

⑦继续分析，由于角 $-\alpha$ 与具有相同的终边，所以它们的同名三角函数值也是一致的。

⑧假设角 α 与 $\pi-a$ 的终边同单位圆形成的两个交点分别为 P, P_1（图6-3），当 α 取任意一个角时有：角 α 与 $\pi-a$，二者的终边具有的对称关系如何？P 与 P_1 各自的坐标关系如何？

学生：角 α 与 $\pi-a$ 的终边是关于 y 轴对称的关系；P, P_1 的坐标也是关于 y 轴对称的关系。

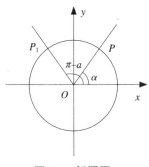

图6-3　解题图3

⑨是否可以利用角 α 与 $\pi-a$ 的终边位置关系，将二者的三角函数关系推导出来？

学生：推导出公式 4。

在这个过程中，学生根据终边相同角的三角函数关系结合相关的定理推算出公式1，教师始终以关键问题为引导通过单位圆数形正确的指引学生独自进行诱导公式的分析与推导，所有活动由学生自主完成，教师主要是启发学生的思维，适时进行点拨总结，学生个体获得了成功的体验。

4.反思所得到的公式及学习的过程，拓展学生思维

①组合上述的 4 个公式，我们可以得出怎样的规律？

学生：公式的左右两侧具有相同的函数名；公式的左右两侧要么具有相同的符号，要么具有相反的符号。

②具体什么情况下公式左右两侧具有相同的符号，而什么情况下公式左右两侧具有相反的符号？

学生：讨论结束后，很难形成一致的看法，规律各不相同。

③如何总结以上公式的规律？

数学老师在课堂教学中为学生传授知识是基本任务，最关键的是：将数学方法、思想和意识有效地传送给学生；让学生亲自在教学中感受公式的"发现"过程，进而在知识学习中获得一定的成就感，使得学生学习的自信心进一步增强。

本节课教学除了让学生对公式的推导过程进行明确的掌握，重要环节是引导学生学会怎样把三角函数同单位圆的相关性质联系起来，建立相应的数形关系，进而得到相应的诱导公式，只因学生去思考，需要对哪些问题进行研究，具体的研究方法如何，是否可以解决问题，进行综合性的思考，进一步加强学生对诱导公式这部分知识的强化。

5.效果分析

①学生的学习热情提升，课堂气氛活跃。通过各种情境的创设，学生怀着好奇的心理去听课，积极性明显提高。许多学生反映"数学课原来也挺有意思啊""没想到数学课还能这样上"。

②通过访谈学生普遍认为通过自己探究及小组合作探究得到的数学知识在理解上往往更加深刻，通过问题化学习达到问题解决甚至提出新的问题。有学生表示："以前以为数学很高深，现在发现自己也能推证一些数学结论，很有成就感！"学生独立去思考问题，并形成了一定的想法与方向后，再去尝试使用相应的方法探索相关的问题。学生知识建构的质量和数学理解能力得到提高。

第五节　情境化教学

情境化教学是指在教学过程中，教师有目的地引入或创设具有一定情绪色彩的、以形象为主体的生动具体的场景，引起学生一定的态度体验，从而帮助学生理解教材，并使学生的心理机能能得到发展的教学方法。情境化教学的核心在于激发学生的情感，实现由学习走向生活。

一、理论内涵

核心素养导向下的情境化教学要用"着眼于发展"的观点，全面地提出教学任务，而后优选教学方案，根据教学任务、班级特点及教师本人素质，选择创设情境的途径。创设情境的途径初步归纳为以下六种。

（一）生活展现情境

生活展现情境即把学生带入社会，带入大自然，从生活中选取某一典型场景，作为学生观察的客体，并以教师语言的描绘，鲜明地展现在学生眼前。

（二）实物演示情境

实物演示情境即以实物为中心，略设必要背景，构成一个整体，以演示某一特定情境。以实物演示情境时，应考虑到相应的背景，如"大海上的鲸""蓝天上的燕子""藤上的葫芦"等，都可通过背景，激起学生广泛的联想。

（三）图画再现情境

图画是展示形象的主要手段，用图画再现课文情境，实际上就是把课文内容形象化。课文插图、特意绘制的挂图、剪贴画、简笔画等都可以用来再现课文情境。

（四）音乐渲染情境

音乐的语言是微妙的，也是强烈的，给人以丰富的美感，往往使人心驰神往。它以特有的旋律、节奏，塑造出音乐形象，把听者带到特有的意境中。用音乐渲染情境，并不局限于播放现成的乐曲、歌曲，教师自己的弹奏、轻唱，以及学生表演唱、哼唱都是行之有效的办法。关键是选取的乐曲与教材的基调上、意境上，以及情境的发展上要对应、协调。

（五）表演体会情境

情境教学中的表演有两种：一是进入角色；二是扮演角色。进入角色，即"假如我是课文中的某人"；扮演角色，则是担当课文中的某一角色进行表演。由于学生自己进入、扮演角色，课文中的角色不再是在书本上，而是自己或自己的同学，因此学生对课文中的角色必然产生亲切感，很自然地加深了内心体验。

（六）语言描述情境

以上所述创设情境的五种途径，都是运用了直观手段。情境教学十分讲究直观手段与语言描绘的结合。在情境出现时，教师伴以语言描绘，这对学生的认知活动起着一定的导向性作用。语言描绘提高了感知的效应，情境会更加鲜明，并且带着感情色彩作用于学生的感官。学生因感官的兴奋，主观感受得到强化，从而激起情感，促进自己进入特定的情境之中。

二、高中数学课堂情境化教学策略

（一）借助多媒体建立教学情境

随着先进科学技术研究的不断深入，多种现代化教学手段逐渐被渗透到各级学校的课堂教学活动中，尤其以多媒体教学技术应用较为广泛。当前环境下，任课教师在高中数学实际课堂教学中需充分借助多媒体技术，为学生创设实物教学情境，使其能够身临其境地学习新知识，教学效果事半功倍。

高中数学教学引入情境教学模式，在书本知识展示形式上，提升数学知识的灵活性。高中数学教学是高考知识点考查中的重点学科，是培养学生数学思维及逻辑思维能力的关键环节，在传统的教学模式下，学生在课堂上的主体地位不能得到重视。题海战术的应用使高中数学教学机械化，学生在被动状态下学习。多媒体技术应用到教学中来，能够根据教学内容需求，为学生制定有针对性的教学展示内容，使得学生能够在特定的教学环境中，对知识充分掌握。以科技信息技术为依托的教学设备被逐渐引入课堂教学中，使得高中数学教学形式走向多元化。

例如，高中数学教学中存在着很多的图形变换教学，在多媒体网络中，为学生创设数形结合学习模式，将该种模式应用到高中课堂上，教师通过网络化的教学课堂设计，将数形图形智能化、形象化，并与学生生活实际相结合。在讲到椭圆方程时，教师可以利用多媒体设计出橄榄球剖面，将数形结合的模式变得生动。

多媒体技术是现代教学的重要手段之一，它有效地克服了传统课堂教学的单一性，而把学生带入了一个可以全面利用视听感官以获得知识体验的场景中。多媒体信息技术自身所具有的图文并茂、声像并举、能动会变、形象直观的特点，在为学生再现各种情境时，可激起学生的各种感官的参与，调动学生强烈的学习欲望，激发动机和兴趣。特别是在讲授立体几何的一系列知识时，跳出黑板平面上很难作图展示立体图形的限制，多媒体技术可以运用动漫场景，清晰地把复杂图形的形成、变化过程进行分解，化作几个简单的图形来展示。并且还能够再现一些建筑、装修、制造等实际运用到立体几何的场景给学生看，一方面能让他们认识到立体几何的重要性，另一方面对于学生空间思维的形成和培养也有一定的帮助。

（二）以生活情境为基础引入教学内容

从本质上来讲，高中数学教材内容丰富，涉及面较广，推理、逻辑知识较多，内容枯燥，学生在课堂学习中易产生厌烦心理，学习兴致不高，教学效果不乐观。对于这种情况，教师在课堂教学中需充分发挥自身创造力，利用有限的教学资源为学生创设独特的教学情境，丰富课堂教学内容，吸引学生注意力，提高教学效率。

数列是高中数学教学中的重点内容，在实际教学中，为了让学生能够更好地理解什么是数列，教师将生活情境中所包含的数列规律与书本中的数列相互结合。在吸引学生注意的前提下，将书本中的知识融入。

例如，在数列教学中，教师可以向学生发问："同学们，大自然能够读懂数学吗？老师这就带领你们走进大自然，去感受大自然中的数学魅力。"教师通过多媒体向学生展示树木、花瓣等自然植物的图片，并引导学生："树木的分叉、花瓣的数量及植物的种子，其数量都具有一定的数学规律，你能发现它们之间的规律吗？"此时，教师在多媒体中向学生展示一组数字，如"1、1、2、3、5、8、13"，同时教师用多媒体向学生展示图片，如花瓣的数目有"3、5、8、13"。当生活情境引入课堂之后，教师将书本中的数组知识引出来，数列的具体含义为：按照一定顺序排列的数叫作数列，数列中的每一个数字都叫作数列的项。数列中的每一项都与序号有关系，排在第一位的数被称为这个数列的第一项，同时也被叫作首项，以此类推，排在第 n 位的数被称为这个数列的第 n 项。

（三）精研教材，为抽象知识点创设直观化教学情境

高中数学教学内容中，不乏能与生活实际相结合的知识点，教师只要勤于研究，都能够把这些看似抽象的知识点通过形象化的处理，或制作成课件，或在课堂上创设情境，让学生展开联想，把这些知识点化难为易、化繁为简，从而使学生轻松理解并掌握。例如，"函数的单调性"一节，教师可以先为学生用语言或用视听材料勾画出"水面的波纹"这一场景，让学生把这一场景定格在脑海中，当引入当堂要讲述的内容时，再让学生从中发现二者的相似之处，或者教师在课下事先准备一条绳子作为小道具，在上课的时候，可以用手握着绳子的一端，在讲桌上或者地面上上下甩动，使其产生比较均匀的"绳波"。如此通过对水波和绳波的想象和理解，学生就能很真切地感知到反比例函数和二次函数图像都具备的这种起伏性。

（四）灵活驾驭教学进度，适时设置教学情境

教学的重点在课堂，对于课堂进度能否做到灵活掌控是衡量一节课成败的关键。有时候教师在课下准备了充分的教学材料，但在实际课堂教学过程

中，随着课堂教学情节的演变，一些课件、情境教学素材不一定能充分得到运用，但有备而无患，只要有了准备，在教学过程中才能结合实际状况而适时选用。在新课导入的过程中，教师就可以先结合实际教学内容创设情境，以实现新课的顺利导入，而且这种先声夺人的情境创设也往往能一下子吸引学生的注意力。

例如，在讲授"数列极限的概念"这一知识点时，教师可以这样创设一个生活情境导入：蜗牛从一口井里向外爬，从水面到井口有 4 米高，假设蜗牛每天爬剩下高度的 1/2，请问蜗牛多少天才能爬出井口？当假设出这样一个场景的时候，课堂气氛就会立刻热闹起来，可以让学生分组讨论，或者进行画图演示。类似的事例还有不少，教师要注意充分发挥学生的主动性，由学生自己来创设情境。如此，一个抽象的知识点就变成了一幅画一样印在了学生的脑海里，不但便于对抽象知识形象化理解，也有助于日后的记忆。在顺利完成导入后，教师可以结合课堂进度，有所选择地把当堂课的重难点、易混点按照事先准备的情境课件来逐一展示，并组织学生进行课堂讨论。教师应掌控好课堂气氛和进程，使之得以合理、有序、高效进行。

（五）立足教材，采用适当方式创设教学情境

高中生不同于小学生，他们对于社会经济、政治都有了一定的认识，在教学过程中，教师可以围绕当前的热点话题来创设情境，再把这种情境作为课堂导语或者课堂课件适时运用，这样就能很容易地把学生带入一个积极主动学习的氛围中。

另外，还可以结合高中生普遍都喜爱流行文化的心理特点，让他们把自己生活中了解到的各种热点都整理一下，然后在讲述"子集、交集"等集合知识点时进行使用。因为这些素材都比较贴近他们的生活，所以在勾画场景时学生的热情都会很高，每个学生脑海里仿佛能够虚构出这样一个场景：无论是名气多大的名人，现在他们都必须站在学校的操场里，然后遵从每一个学生的意愿，按照性别、年龄、学历、特长给予集合归类。这样有趣的情境联想，能一下子就把集合问题转化成了生活里的实际问题。无疑，这堂课也

一定能取得非常好的教学效果。教师还可以把一些司空见惯的小物件作为教具用来现实地创造情境，如通过对硬币、骰子的抛掷来讲述概率问题，这都是很有效的课堂创意。

（六）根据学生们的认知特点创设情境

数学不同于语文等文科类的学科，学好数学在一定程度上依靠学生的数学素养和方法，单靠机械地努力难以取得良好的效果。但是，事实却是很多学生直到上了高中也没有找到一种适合自己学习数学的方法，这就使学生的成绩差距越来越大，也严重影响了教师的教学进度。为了让学生尽可能地享受到同步教学，教师在平时教学过程中就要注意这一点，根据学生的认知特点，给学生创设合适的情境，帮助学生理解数学知识。

例如，高中的函数是比较难的一部分，同时也是考查的重点。教师在创设情境、设计教学时，就要从基础出发，向深层次引入，为学生创设情境，帮助学生理解数学知识。如果教师一开始就创设一个难度较高的情境，学生在理解的时候仍然会比较茫然，这就失去了创设情境的意义。

再如，在讲解"正弦定理、余弦定理的应用"时，教师要考虑到这部分知识是考查的重点，一些运用是比较困难的，这就需要打好学生的基础，根据不同学生的认知特点创设情境，帮助学生巩固基础，提高学生的数学成绩。因此，教师要根据学生对知识掌握的情况和他们的认知特点，创设合适的情境。

（七）情境化教学设计

【案例】"函数的单调性"教学设计

1.学习目标分析

新课程标准对于本课时的学习目标要求是"借助函数图像，会用符号语言表达函数的单调性，理解其作用和实际意义"。通过结合具体的函数图像，学生知道函数图像的变化趋势，并从上升和下降趋势的函数图像中探索如何用符号语言表达函数图像的增减变化。类比初中学习过的"随 x 的增大而增大或随 x 的增大而减小"的表述，得到函数单调性的概念。

2.教学内容分析

本节课是人教B版高中数学教材必修一的第三章第一单元第二课时的内容，教材开篇提出情境与问题，以艾宾浩斯遗忘曲线作为引入，启发学生思考该函数图像反映出什么规律。接着，通过回忆学生初中学习过的比较熟悉的函数，如正比例函数、反比例函数的图像变化规律，进一步引发学生思考"怎样用数学语言（或不等式符号）表示 y 随 x 的增大而增大或 y 随 x 的增大而减小"，进而探索得出函数单调性定义。接着，由函数单调性定义，一是从函数图像方便看出函数单调性，二是探讨利用函数单调性定义和不等式的证明方法来证明函数单调性。学习了函数的这一重要性质，为学生后续学习奠定了一定的基础。

清晰连贯的一节课应该是：从通过设置情境问题，提出思考问题，到教师带领学生共同探索去解决问题的过程，达成本节课的教学目标。教师将函数的单调性讲解到位，学生也能理解透彻。

3.教学过程

（1）创设情境

我们知道人的大脑是一个记忆库，经历过的事情、体验过的情绪、学习过的知识和练习过的动作等，都会留存记忆。德国著名的心理学家艾宾浩斯（Ebbinghaus）对人脑关于新事物的记忆和遗忘做了研究，也就是著名的艾宾浩斯遗忘曲线（图 6-4）。

教师：同学们，请看老师在 PPT 上所呈现的图片，即著名的艾宾浩斯遗忘曲线。图中，以 x 轴表示时间的间隔，y 轴表示记忆的保持量，那么大家能否看出 y 与 x 的关系呢？

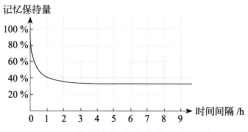

图 6-4　艾宾浩斯遗忘曲线函数图像

学生：y 是 x 的函数。

教师：同学们能很容易地看出 y 是 x 的函数。请同学们观察这个函数图像，思考并回答，这个函数反映了记忆具有什么规律呢？

学生：刚开始的阶段遗忘的速度很快，之后会逐渐减慢。

学生：随着时间间隔 x 的增大，记忆保持量 y 随着减小。

教师：同学们都能从函数图像中直观地看出遗忘曲线的变化规律。那么，回顾初中接触过一次、二次、反比例函数。若给定一个函数，函数值会怎样随着自变量的变化而变化呢？

教师：正比例函数 $y=x$ 图像是怎样的？

学生：是一条过原点呈上升趋势的直线。

教师：观察图像，在哪个区间上函数值 y 是怎样随着自变量 x 的变化而变化的呢？

学生：在某区间上，y 随 x 的增大而增大。

教师：二次函数图像是一条抛物线，如图像是一条开口方向向上，过原点的抛物线，请同学们回答这个函数的变化趋势。

学生：在某区间上 y 随 x 的增大而减小，在某区间上 y 随 x 的增大而增大。

教师：通过对这几个函数图像的分析，不难发现，无论是不同函数，还是同一函数，在不同区间上的变化趋势和规律都是不同的，这就是我们下面要研究的函数的单调性。

教师通过创设情境，以著名的艾宾浩斯遗忘曲线作为引入，能成功吸引学生的注意力，同时也为探究新知做准备。接着，通过引导学生回顾之前学习过的函数，进一步推进新课。

（2）新知探究

如何用数学语言表示"y 随 x 的增大而增大"和"y 随 x 的增大而减小"呢？

教师在黑板上呈现上升趋势的增函数图像（图6-5），并在图像上任意取两点分析，由此得到增函数的定义。

关于增函数的定义，教师需强调定义中的两点：一是任意性；二是函数单调性是针对区间定义的。

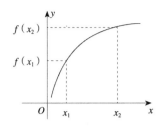

图 6-5　增函数图像

【师生互动】

教师：同学们，增函数的定义老师已经带领大家一起探究得出，能否类比得到减函数定义呢？

学生思考回答问题。

教师：若函数在区间上具有单调性，称为单调区间，单调区间分为哪两种呢？

学生：单调递增和递减区间。

对于学生来说，从直观的图像和数学自然语言到符号语言的表达过程，是一个难点。因此，此部分定义的探究，采用数形结合的方法，教师首先将呈上升趋势的图像在黑板画出，并一步一步引导得出增函数的定义。同时，鼓励学生思考并尝试自己类比得到减函数定义。

（3）深化理解

教师：同学们，我们回过头看刚刚举过的例子，请结合函数图像说说函数的单调性。

学生：函数在 R 上是增函数，在 R 上是单调递增的。

通过将新接触的增减函数的定义与课程开始引入的例子相结合，能使前后知识连贯起来，学生理解的效果会更好。

教师：同学们回答得非常好，现在我们继续拓展，请大家试着总结一次函数、二次函数的单调性，它们的单调性与什么有关，小组讨论并选代表发言。

此环节，学生都能认真思考，积极参与讨论，并总结出相关结论。老师对学生的讨论结果做好总结归纳。

教师：请同学们根据函数图像（图6-6），写出该函数的单调区间。

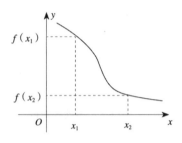

图6-6　函数图像

学生：单调增区间为（-6，-4），（-2，1），（3，6）；单调减区间为（-4，-2），（1，3）。

通过让学生在黑板上写下答案，规范学生的书写错误。

教师：有些函数从函数的图像中能直观地看出函数的单调性，而有些函数的图像却并不容易看到，这时就需要用定义来证明函数单调性。下面，请大家试着用定义证明函数的单调性。

此阶段教师给学生预留几分钟时间自行尝试证明，学生都能认真思考，并试着去做。接着，老师带领学生一起完成证明过程，提炼证明过程的几个步骤分别为取值、变形、定号和下结论。

（4）巩固提升

以"求某函数单调递增区间"为例。

教师要求学生独立完成此题目的求解，并提问学生。通过求二次函数的单调区间，巩固求二次函数单调区间的方法，并引导学生从直观的函数图像直接得出函数的单调性，使学生感悟数形结合的魅力。

此题随机提问两名同学到黑板作答，学生都能准确地画出分段函数的图像。因此，可以很直观地得到函数的单调递减区间。此题的设计使学生不仅复习了分段函数的知识，而且掌握了如何求分段函数单调性的方法。

以"若函数 x 在区间上是增函数，求实数的取值范围"为例。

此题是二次函数和参数相结合的题目，教师给予指导和讲解，使学生对二次函数的单调性和对称轴的关系理解得更清晰透彻。

（5）课堂小结

教师：回顾本节课内容，你们有哪些收获？

学生：学习了增函数、减函数的定义。

学生：知道了什么是单调递增、递减区间和如何表示。

教师：这节课学习判断函数单调性的方法有哪些？

学生：利用函数的图像可以直观看出函数的单调性，还可以应用定义证明函数单调性。

通过提问的方式，师生之间有良好的互动，学生自己总结本节课的收获，之后教师再给予补充和指正。这不仅能使学生更好地掌握本节课的重要知识点，提高课堂效率和课堂教学质量，而且也是对于一堂课的升华。

第六节　深度化教学

深度化教学不是指无限增加知识难度和知识量，不是对知识的表层教学、简单占有和机械训练，而是基于知识的内在结构，通过对知识完整处理，引导学生从符号学习走向学科思想和意义系统的理解和掌握，是对知识的深度学习。引导学生深度学习，课堂教学需要确立发展性教学理念，探讨促进发展的教学策略，实现由表层走向内涵。

一、理论内涵

"先学后教"代替了课堂教学中的独白和灌输，也产生了"自主、合作、探究"等新型学习方式，并且对话式的课堂教学模式与传统授受式的课堂教学模式相比，在学生学习兴趣的激发、学生参与课堂活动的广度和师生合作交流的状态等方面都有了质的飞跃。

从教师角度，核心素养导向下的深度化教学尝试中，要注意以下五点。

（一）要扎根于真实情境，否则会成为无源之水

情境认知理论认为，学习的终极目标是要将自己置身于知识产生的特定

情境中，通过积极参与具体情境中的社会实践来获取知识、建构意义、解决问题。作为一种建构性学习，不仅要求学生懂得概念、原理、技能等结构化的浅层知识，还要求学生理解、掌握复杂概念、情境问题等非结构化知识，最终形成结构化与非结构化的认知结构体系，并灵活地运用各种具体情境来解决实际问题。在真实的情境中体验、挖掘关键特征，构建理论模型，并在相似的情境中建立合理联系，实现迁移。当学生思考理论或解决实际问题时，就很容易发掘该理论的使用条件、应用技巧，使记忆牢固、使用流畅。

（二）要扎根于学生的认知结构，否则只是碎片知识，即不可联的无效知识

认知结构其实质上是结构性与非结构性知识意义的建构过程，也是复杂的信息加工过程，必须对已激活的旧知识和所获得的新知识进行有效和精细的深度加工。学生以孤立、零散、碎片的形式将知识存储于记忆中，当遇到新问题时，仅会机械地运用片段化的知识解决表面问题，原因是知识的学习过程没有在新旧知识之间建立连接，新知识没有进入学生原有的认知结构，就会出现解决问题效率低、效果差的现象，纵然经过多次考试和练习，也很难使学生有效理解。为此，教师需将教材的内容打散，重新组合，使内容具有"弹性化"和"框架式"特征，将孤立的知识要素进行有意义的统整，引导学生将其以整合的、情境化的方式存储于记忆中，同时缜密分析学生原有认知结构，在认知结构节点上有效发问，引起认知节点强烈冲突，这样同化或顺应出的新认知结构就会更有普适性和抗震性。

（三）要扎根于深度批判，在批判中去皮留质

没有批判就不会创造，没有批判就不会除杂留精，在批判中才可使沉于情境中的理论更具有抽象概括性和更广的适应性，才可使建立的认知结构更优质和高度灵活。变异教学理论也告诉我们，变化和差异是有效教学的重要特征，通过对比、分离、类合、融合这四个基本范式，使某具体学科知识的关键特征去皮留质。在教学实践中，针对不同信息载体的差异和变化，引导学生深度质疑、辨析、争论而又高度和谐统一，求同存异，激发探究欲望。

（四）要扎根于结构分散、规则冗杂的劣构领域，而不是简单套用的良构领域

一般来说，现实问题总是复杂多变的，这种劣构领域的问题不仅要求学生掌握原理及其适切的场域，还要求学生能够运用原理分析问题并创造性地解决问题，简单复制、机械记忆、肤浅理解，只会导致学而无用。给学生真正属于自己思想交锋的争论，发展学生高阶思维能力和复杂问题的应用能力显得尤为重要。为此教师需调整教学策略，以生产、生活中的实际问题代替简单的练习和考试，引导学生直面现实，跳出"空中楼阁"。

（五）抓好过程评价和元评价

持续的评价、及时的反馈是引导学生深度反思自己的学习状态并及时调整学习策略、实现深度学习的有效途径。它不仅可以促进学生深入理解学习内容，改进学习策略，还可以帮助教师及时调整教学策略，增强课堂学习实效性。大量的研究表明：学生学习的重要收获来源于经常向学生提供有关他们学习的反馈，尤其是当反馈包含了可以引导学生不断努力的具体意见时，即反馈关注学生的学习过程而非最终成果时，反馈会极大促进学生的学习。清晰的自我认识并自觉采取学习行动会把学习引入更高层次。

二、深度化教学策略

（一）引导学生理解数学本质

数学本质是教学设计的本意和本然状态，教学中的创意不能偏离教学的本真意义，不能脱离学生的原有经验，更不能背离教学目标制造虚假的创造。例如，"三角函数的概念"的情境引入环节，教师可设计：一个游乐场的摩天轮设施，假设它的中心离地面高度为 h_0，它的直径为 d，以逆时针方向匀速转动，转动一周需 2 分钟，若此刻座舱中的你从初始位置 OA 出发，过了 15 秒后，你离地面有多高？过了 30 秒呢？过了 45 秒呢？教师借此引导学生理解抽象知识，培养学生数学思想及解决实际问题的能力。可见，基于

深度学习的数学教学设计要从学生的学情出发，借助信息技术整合相关数学教学资源，教学素材要密切联系学生生活实践，在引导学生自主探索、动手实践的过程中理解数学本质，从而构筑栩栩如生的数学课堂。

（二）帮助学生掌握思想方法

数学教学中的深度探究由数学问题情境引发，在解决数学认知冲突中展开，并在不断解决数学问题的过程中实现知识技能与思想方法总结两个核心目标。例如，"三角函数的概念"的探索新知环节，教师可设计：若在摩天轮座舱中的你从初始位置 OA 出发，过了 15 秒后，你在什么位置呢？你离地面有多高呢？过了 30 秒呢？过了 45 秒、60 秒、75 秒、90 秒、105 秒呢？让学生感知数学与生活的紧密联系，探究其中蕴含的数形结合等思想方法。可见，在基于深度学习的教学设计中，教师要精心创设有效的、丰富的教学情境，培养学生的问题意识，既让学生理解数学知识，又让学生掌握研究问题的方法、探究问题的思路及如何构建知识体系的能力，进而发展学生的数学核心素养。

（三）引领学生实现知识迁移

数学课中的教学内容都是相应数学分支中的点，只有教师站在整个分支的高度来设计教学，才能从整体上把握所授内容的地位与作用、能力与要求、系统与建构，才更有利于学生真正理解和掌握相应的数学知识内涵、方法运用、思想本质。例如，"三角函数的概念"的巩固训练环节，教师可设计：小明同学在游乐园乘坐旋转木马，他在半径为 r 的圆上按顺时针方向做匀速圆周运动，角速度为 1 rad/s，求 2 s 时他所在的位置。可见，教师在进行基于深度学习的教学设计时应整体把握教学思路，既要注重知识技能的讲解，也要注重基本思想方法及基本活动经验的培养，并通过巩固训练环节引导学生探析知识的迁移运用，提高学生从数学的角度发现、提出、分析、解决问题的能力，进而发展学生的数学核心素养。

（四）启发学生厘清逻辑关系

数学教育教学不仅蕴含着丰富的文化价值导向，且数学知识间紧密的逻辑联系对培养学生缜密的数学思维有重要作用，而数学教学中巧妙设计、恰当运用思维导图有助于学生厘清知识间的内在关系，培养学生良好的数学思维品质。对此，采用合理的思维导图梳理教学内容，使学生的思维可视化，并从中感知数学的文化因素至关重要。所谓思维导图，即学生对特定主题所建构的知识结构的一种视觉化表征，是表达发散性思维、厘清逻辑关系的有效图形思维工具。例如，"三角函数的概念"的巩固训练环节，教师可通过运用思维导图的方式设计课堂小结，让学生知悉本节内容的逻辑结构，并以此提升自身的个性化思维能力。因此，高中数学教师在设计基于深度学习的数学教学时，要结合学生现阶段的接受能力和实际学习状况，巧设合理的思维导图，启发学生厘清内容逻辑关系，使学生有理、有据、有序、有趣地学习数学，真正提升学生的数学核心素养。

（五）深度化教学设计

【案例】"椭圆的简单几何性质"教学设计

1. 教学情境

教师：同学们，我们都知道北京在 2008 年举办了举世瞩目的奥运会，那么你们知道当时的田径运动在哪里举行吗？

学生：鸟巢体育馆。

（教师利用 PPT 展示并介绍鸟巢的内部构造，学生表现出对鸟巢的兴趣）

教师：同学们仔细观察一下鸟巢的俯视图，鸟巢俯视图的轮廓像什么？图形有什么特征？

学生 A：俯视图像椭圆。

学生 B：图形上下窄，两边宽，像椭圆。

教师：上一节课我们学习了椭圆的概念与标准方程，今天我们来进一步学习一下椭圆的几何性质。

（请学生回顾椭圆的概念与标准方程的要点并板书）

教师：同学们，我们是用什么方法来研究和推导椭圆的标准方程的呢？

学生：用坐标法来进行推导。

教师：看来大家对用坐标法研究几何问题有了更深的印象。那么在已知椭圆的标准方程后，如何进一步研究椭圆的性质？

学生：用方程来研究。

教师：大家想一下，在学习函数时我们是怎么去研究函数的？若已知函数的解析式时怎样去研究函数的性质呢？

学生 A：把函数与方程联系起来。

学生 B：已知函数解析式，我们可以画出它的函数曲线来研究它的几何性质。

教师：谁能举一个例子？

学生 A：如 $y=x^2+1$，既可以视为 x 与 y 的二元一次方程，也可以视为关于 x 的二次函数，可以画出二次函数的图像研究其性质。

教师：很好，我们可以将函数与方程联系起来，去研究方程所表示的函数曲线，也就是说我们可以尝试将函数的研究方法迁移到曲线方程中来。在这里我们用了什么数学思想？

学生：数形结合。

教师：大家观察一下大屏幕上的椭圆，通过观察你觉得需要研究椭圆的哪些几何性质？可以类比研究函数几何性质角度去思考。

学生：椭圆的范围、对称性、顶点等。

教师：通过观察，你能发现椭圆上所有点的横、纵坐标应该在哪个范围内取值吗？

学生：$-a \leqslant x \leqslant a$，$-b \leqslant y \leqslant b$。

教师：大家使用什么方法来表示椭圆范围的？

学生：坐标法。

教师：那么你能不能用方程的角度进行论证呢？大家在草稿纸上尝试解答。

（部分学生表示没有思路。教师提示可以试着借助椭圆图像，画出两组

平行线，考虑平行线的标准方程与椭圆标准方程的联系）

教师：有没有同学做出来？

学 生： $\frac{x^2}{a^2}+\frac{y^2}{b^2}=1$ 变 形 为 $\frac{y^2}{b^2}=1-\frac{x^2}{a^2}\geq 0$， 得 到 $x^2\leq a^2$，

$-a\leq x\leq a$；同理，得到 $-b\leq y\leq b$。

教师：我们曾学过三角函数，大家思考是否可以用其他方法来证明？

学生：利用三角函数的平方关系，但是不知道如何证明。

教师：有同学补充吗？

（学生开始讨论，但找不出三角函数的平方关系跟椭圆方程有何关系）

教师：三角函数中 $\sin\alpha$ 和 $\cos\alpha$ 有没有范围呢？

学生 A： $\sin\alpha$ 和 $\cos\alpha$ 的范围都在 -1 和 1 之间。

（学生连连点头，好像受到了启发）

学生 B：将 $\frac{x^2}{a^2}+\frac{y^2}{b^2}=1$ 看成 $\sin\alpha^2+\cos\alpha^2=1$，利用三角函数的有界性

来考虑 $\frac{x^2}{a^2}$、$\frac{y^2}{b^2}$ 的范围，从而得到 x、y 的范围。

教师：回答得很好，逻辑思维很清晰。那我们接下来看看椭圆对称性，它是成什么对称的呢？

学生 A：椭圆关于 x 轴、y 轴对称，对称轴分别为 x 轴和 y 轴。

学生 B：椭圆关于原点成中心对称，原点也叫椭圆的中心。

教师：大家从"形"的角度观察得都很细致，但能否从"数"的角度来说明一下？

学生：设 $P(x，y)$ 是椭圆 $\frac{x^2}{a^2}+\frac{y^2}{b^2}=1$（$a>b>0$）上一点，则点 $P(x，y)$ 关于 x 轴、y 轴、原点的对称点 $P_1(x，-y)$、$P_2(-x，y)$、$P_3(-x，-y)$ 也适合椭圆方程，从而知道椭圆关于 x 轴、y 轴对称，对称轴分别为 x 轴和 y 轴，椭圆关于原点成中心对称，原点也叫椭圆的中心。

教师：在学习了椭圆的对称性之后，你们觉得椭圆里哪些点比较重要？

学生：原点，与 x 轴、y 轴的交点。

教师：由刚才所学的椭圆的对称性，你能找到下列标准方程下椭圆顶点的位置和个数吗？

$$\frac{x^2}{5}+\frac{y^2}{4}=1；\frac{x^2}{9}+\frac{y^2}{6}=1（a>b>0）。$$

（教师要求学生自主探究、发现椭圆顶点特征，学生深入探究椭圆顶点概念）

教师：以上两题中 x 轴、y 轴与椭圆是否有公共点？有几个？应该给它们取个什么名字好？

学生：它们与椭圆 4 有个公共点。书上把它们叫作椭圆顶点。

教师：对的，我们把 $2a$ 与 $2b$ 叫作长轴与短轴，a 与 b 叫作半长轴与半短轴。如何从代数角度来说明？

学生：令 $x=0$，求得 $y=\pm b$；令 $y=0$，$x=\pm a$。

教师：看来大家都掌握得不错。那我们学习了椭圆范围、对称性、顶点等几何性质后，接着学以致用。

（学生做教师所要求的练习题，教师巡视并给予学生提示；几分钟后，教师请学生代表起来回答问题并给予评价与解答）

2. 教学反思

该教学设计是截取自"椭圆的简单几何性质"深度教学设计的实际课堂教学，采用启发式讲解、问题式探究、互动探讨、师生互评的教学方法；学法上根据学生学习情况，应用"观察—归纳—讨论—练习"的学习方法。同时类比已学习过的函数与方程的内容来探究椭圆的几何性质，对训练学生利用坐标法解决问题有着重要作用。

课堂中教师能够根据学生的学情和课堂具体反应做出调整，从实际问题出发提高学生学习兴趣并不断利用问题启发诱导学生掌握几何研究的过程和方法，理解"以形辅数"和"以数助形"研究几何图形的思想方法。与浅层次和断层式教学相比，该教学片段"深"在以启发讲解和问题探究的方式教学，在提高学生探究兴趣的基础上以学生实时掌握情况为主进行师生互动，有利于培养学生观察、类比、探究、归纳的能力，通过让学生自主探究，逐步发散学生的逻辑思维。

从总体上来看，这部分教学达到深度学习所要求的对学生高阶思维和完整知识体系建构，故将该部分教学案例研究与教学设计结合起来，希望为高中数学深度教学的设计与实施提供一些意见。

第七节　活动化教学

活动化教学，是指以学生的学习兴趣和内在需要为基础，以活动为主线，以鼓励学生主动参与、主动探索、主动思考、主动实践为基本特征，在教学过程中以建构具有教育性、创造性、实践性、操作性的学生主体活动为主要形式，以实现学生多方面能力综合发展为核心，以促进学生整体素质全面提高为目的的一种教学形式。活动化教学的本质和指导思想是"以活动促发展"，实现由封闭走向开放。

一、理论内涵

核心素养导向下的活动化教学过程中，教师成为组织者、参与者、帮助者、引导者、合作者、促进者、开发者和决策者，选择哪些有效的教学方法吸引学生积极学习与参与，提高学习效果，这是研究的内容。活动化教学中，就学生的学习行为做出的评价，应体现多元评价。作为教师，应改变以往教师的主观评价，建立教师、学生、小组等的多重评价主体，形成对学生多方面学习行为表现的评价。以八年级思想品德课为例，其研究方法、研究原则如下。

（一）研究方法

1.行动研究法

在教学实践过程中依据活动化教学的教学要求，结合教材、学生，利用各种课内外学生活动，有计划地探索有利于学生发展的教学方式，并且在行动研究中，探索如何使教学改革真正体现有效教学理念。

2. 调查研究法

通过运用观察、访谈、问卷等方法来获取材料，并对所获取的材料进行整理分析，研究得出结论。

3. 文献法

通过收集活动化教学研究的有关资料，学习总结国内外专家的研究成果，并在此基础上，探索八年级思想品德课程活动化教学有效活动环节。

4. 个案分析法

建立个案，进行个案分析，通过多元评价方式对学生的发展状况及趋势进行评价，研究激发学生学习潜能的有效教学方法。

5. 经验总结法

教师在探索的基础上，形成一定的经验，通过总结上升至一定的理论高度。从初中开展的思想品德活动化教学实践出发，加强对现状的反思，并从中研究和总结思想品德活动化教学的教学方法及活动评价体系，积极探寻初中思想品德活动化教学清晰有效的活动环节。

（二）研究原则

1. 活动性原则

学生的认识主要是在实践和活动中发展起来的。在本课题的研究中，要依据要求，结合班级、学生特点设计活动序列，明确活动目标，保证活动时间，丰富活动形式，在活动中促进学生认识、培育情感，外化行为。

2. 自主性原则

学生是活动的主体，是活生生、有思想、有情感的人，在引导学生活动的过程中，要充分发挥他们的主观能动性，重视自主活动可充分放手让学生自己组织、自主实施、自我总结评价。

3. 协调性原则

开展实践活动需要教师、班级、家庭各方面的协调配合，要统筹兼顾、相互配合、协调一致，才能收到好的效果。

4.激励性原则

成功的欢乐是一种巨大的精神力量，它能增强学生自信心，因此在活动中教师要采取种种手段不断表扬、激励学生的点滴进步，肯定其成绩，让他们经常享受到成功的快乐，获得积极的情感体验。

5.多样性原则

教师设计的活动应该形式多样，吸引学生，从而利用一次次的活动对学生进行思想品德教育。

二、高中数学活动化教学策略

数学活动课是"研究性学习"，或者"探索性教学"的一种形式。就笔者的实践来看，数学活动教学设计要关注以下五个要点：目标要结合教学需要，不要离题太远；活动内容要切实可行，节约时间成本；要有创新思考空间，引起学生的兴趣；学生要有集体活动，不能仅仅是个人独立思考；将数学活动经验提升为理性认识，具有切实的数学收获。这样的活动需要精心设计，一个大单元一般只能进行一两次，近年来，笔者有意识地设计了几节数学活动课，进行了教学实践。下面结合案例谈一些具体的做法和体会。

（一）基于加深内容理解的数学活动

传统的数学活动，多半和数学技能联系在一起。例如，在"解三角形"的教学时用仪器进行测量校园建筑的活动等。笔者认为，应该更多地设计一些能对数学内容加深理解的数学活动。

【案例】二分法

用二分法求方程的根，如果"就事论事"地讲解也未尝不可，但是要真正理解它的意义和价值，需要设计一些活动并进行抽象概括，就十分必要。

活动目标：通过设计猜价格活动，让学生理解"二分法"的本质。

活动过程：教师手持一支钢笔，问哪个学生可以在一分钟内猜出它的价格。教师话音刚落，学生都跃跃欲试。一个学生猜"30"，教师说"高了"；

有人猜"20"，教师说"低了"；学生又接着猜"25"，随即在"高了""低了"的一片喊声中，慢慢接近了真实价格。

我们如何从数学的观点来进行分析呢？教师顺势引导学生分析刚才猜的过程中的得失，以及有没有改进的措施。在热烈的讨论中注意到如下几点。

①钢笔的价格是存在的，而且是唯一的，所以一定可以猜出结果。

②乱猜是凭经验的，也许一猜就中，也许多次还猜不中。笔者的实验是一分钟猜了 5 次，仍旧没有猜中。

③能不能避免盲目性，寻找到规律呢？用数学的眼光分析，就是要设计一种算法，按部就班地将这个唯一存在的价格找出来。二分法就是其中最简单的一种。

接下来的活动是教师拿出一本笔记本，请同学按照二分法猜其价格。当堂试验，三次就非常接近答案。

教师建议大家回顾这样猜价格的方法，思考其之所以有效的原因。

最后大家有如下的观点。

①应用二分法的前提，是价格必须存在某一区间内，且唯一。

②"二分法"是一种算法，逐次逼近，误差越来越小。

最后是让大家提问题，教师归纳。

①为什么现在特别需要学习近似求根的二分法？因为我们处于计算机时代，二分法可以交给计算机去做。

②有没有比二分法更好的算法？有，如华罗庚提倡的 0.618 优选法。

③答案不是唯一的情形怎么办？这就是运筹学、优化理论等研究的课题了。

由于时间关系，建议学生课后去探索研究，通过上网搜寻了解。

应该说，通过这样的数学活动，所用时间不多，但学生对"二分法"的本质有了更深刻的认识，也为掌握求方程近似解的内容扫清了思维障碍。

类似的数学活动案例还可以有"指数爆炸、对数缓增"。指数爆炸在初中可能已经有所理解，如国王在棋盘格上赏米的故事、一张纸的对折次数与珠穆朗玛峰高度的比较等。高中则可以进行指数爆炸、多项式增长、对数函数缓慢增长的比较，理解三者与"事物复杂程度"的关联，学生用计算器进行这样的活动，亲身体验函数增长速度的差异。

（二）基于数学建模的数学活动

问题解决是由一定的情景引起的，按照一定的目标，应用各种认知活动、技能等，经过一系列的思维操作，使问题得以解决的活动过程。具体来说，可以是一次数学建模活动。

【案例】分期付款

①活动目标：学生通过活动，能够厘清分期付款中的一些关系，得出计算每期付款的一般方法。

活动过程：提出问题实例。

某人 2004 年初向银行申请个人住房公积金贷款 20 万元。

$120x=200\ 000（1+0.003\ 375）^{120}$。

为便于研究，把贷款额设为 a 元，月利率设为 r，每月还款数为 x 元。

到第一次还款时总金额为 $a(1+r)$；继续还 x 元，则剩下的欠款数为 $a(1+r)-x$；到第二次还款时总金额为 $[a(1+r)-x](1+r)=a(1+r)^2-x(1+r)$，再还 x，则剩下欠款数为 $a(1+r)^2-x(1+r)-x$；到第三次还款时总金额为 $[a(1+r)^2-x(1+r)-x](1+r)=a(1+r)^3-x(1+r)^2-x(1+r)$，再次还 x，剩下的欠款数则为 $a(1+r)^3-x(1+r)^2-x(1+r)-x$。

学生在研究了三次还款列式后发现，每次还款时总金额的代数式是有规律可循的，由此可直接列出最后一次还款（第 120 次）时的总金额即为 $a(1+r)^{120}-x(1+r)^{119}-\cdots-x(1+r)$，还 x 之后，剩下的欠款数为 0。于是有等式 $a(1+r)^{120}-x(1+r)^{119}-x(1+r)^{118}-\cdots-x(1+r)-x=0$。

再把上述等式变形为：$a(1+r)^{120}=x(1+r)^{119}+x(1+r)^{118}+\cdots+x(1+r)+x$，引导学生分析等式两边代数式的实际意义，可发现等式左边是本金 a 存了 10 年后的本利和。

银行如何赚钱呢？首先，顾客把 a 万元存入银行 10 年，月息为 m，由于 $m<r$，银行就赚这一差价。其次，如果存款是单利计算，则存了 10 年后

本利和为 $a+120am$，因此银行赚了 $a(1+r)^{120}-(a+120am)$。

②剖析案例：免息分期付款诱人吗？

为了鼓励消费，某银行推出了"信用卡免利息分期付款"的促销活动，银行真的让利于民了吗？（学生心存疑惑）事实上，银行通过收取手续费的方式来弥补，据业内人士透露，个别按期收取手续费的分期付款形式每次是以贷款基数而不是以剩余贷款数计算手续费。

以 6 万元贷款为例，分 12 期还款，每月还款为 5000 元，每月的手续费为 450 元。而按照分期付款的方式来说，银行一直是按 6 万元的基数按期收取手续费的，这样 12 期下来持卡人需要额外支付 5400 元，测算下来，持卡人真正支付的年利率为 9%，而同期银行的贷款年利率仅为 6.56%。这样，消费者比一般的分期付款还多付了钱。

可见，银行还是有利可图的。消费者应擦亮眼睛，用自己所掌握的知识去探个究竟，通过比较做出理性的选择。

上述以"问题解决"来设计的数学活动，需要对问题进行仔细挑选。所涉及的问题应具有三个特征：学生对这个问题存在模糊的认识，甚至有错误的理解；解决问题的方法具有多样性；问题具有拓展性。

（三）基于提高思维水平的数学活动

数学是培养学生思维的"体操"，数学学习的过程也是学生提高思维水平的过程。而基于提高思维水平的数学活动，则重在培养学生思维的广度和深度，培养学生思维的严谨性、发散性和创新性。

【案例】基本不等式的几何意义

活动目标：引导学生自主构建几何图形，感悟数形结合思想，着力培养学生的创新意识。

活动过程：学生在学习了基本不等式 $\frac{a+b}{2} \geqslant \sqrt{ab}$ 之后，教师进行启发。

教师：既然 $\sqrt{ab}$ 叫作几何平均数，那么请大家思考，基本不等式有没有几何意义？

于是，围绕这一问题，学生以学习小组为单位，积极开展了研究。在交流环节，学生显得异常活跃，教师要求各组在认真思考的基础上，可以就此提问。

第一小组提出"赵爽弦图法"（图 6-7）

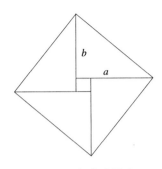

图 6-7　赵爽弦图法

由图形可知，大正方形面积为 $c^2=a^2+b^2$，而四个直角三角形面积和为 $2ab$，从而有 $a^2+b^2 \geqslant 2ab$，即 $a+b \geqslant 2\sqrt{ab}$。

其他小组学生提出，能否把图形中的两条线段 a 和 b 直接改画成 $\sqrt{a}$ 和 $\sqrt{b}$，这样就直截了当地证明了基本不等式。但马上有学生提出异议，$\sqrt{a}$ 和 $\sqrt{b}$ 不能随便画，应该与线段 a 和 b 有关。那么，如何画出 $\sqrt{a}$ 和 $\sqrt{b}$ 呢？随后大家围绕这一问题焦点又展开了研究。

通过一番积极探索之后，第一小组提出了他们的构想，即顺次画出两条线段 AB，BC，长度分别为 a 和 1，以线段 AC 长为直径画半圆，过 B 点作线段 AC 的垂线交半圆于 D 点，则根据射影定理可得 BD 长度为 $\sqrt{a}$（图 6-8）。

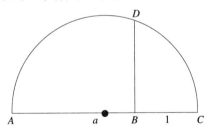

图 6-8　解题思路 1

事实上，这个作图的过程类似课本给出的几何解释（半径大于等于半弦长）。

而另外两组学生则分别给出了构建"梯形上下两底的等比中项法"和"余斜交切分正方形法"（图6-9）。

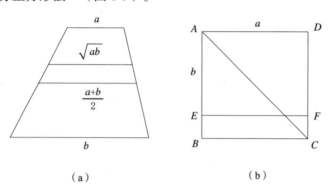

（a）　　　　　　　　　　（b）

图6-9 "梯形上下两底的等比中项法"和"余斜交切分正方形法"

教师：由于时间关系，教师启发大家，基本不等式的几何意义应该不止这些，大家不妨课后继续研究，并从中发现一些结论。

基于提高思维水平的数学活动，应该以一个问题为载体，把问题尽量开放，为学生研究提供广阔的时间和空间。

（四）基于数学欣赏的数学活动

高中数学课程标准指出，数学是人类文化的重要组成部分，高中数学课程应提倡数学的文化价值。带着欣赏的眼光去研究数学，可以让学生体察数学的理性精神、揭示数学的本质、梳理数学思想、构建数学的人文意境。

【案例】古诗词与数学模型

活动目的：引导学生从数学的角度去欣赏古诗词，体会数学的人文意境。

活动过程如下。

诗词一："白日依山尽，黄河入海流，欲穷千里目，更上一层楼。"（王之涣《登鹳雀楼》）

数学角度设问：想能看到千里远，到底需登几层楼？

建模：把地球近似看成球体，已知地球半径 $R=OA=6370$ km，如图6-10所示，PA 为视线，因为与圆相切，所以 $OA \perp PA$，$PA=500$ km。

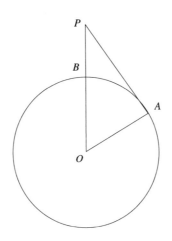

图 6-10　《登鹳雀楼》解题图

设楼高为 PB，在 $Rt\triangle AOP$ 中，由勾股定理得（PB+6370）^{2}=6370^2+500^2，解得 PB=19.593（km）。如果每层按 3.3 m 计算，则 19593÷3.3=5937（层），所以"欲穷千里目"，更上 5937 层楼才行。

"千里目"描写诗人一种无止境探求的愿望。还想看得更远，看到目力所能达到的地方，唯一的办法就是要站得更高些，需要"更上一层楼"。"一层"是虚指，有诗人的夸张、想象成分。数学之真在于理性，数学之实在于精准。

诗词二："离离原上草，一岁一枯荣。野火烧不尽，春风吹又生。"（白居易《赋得古原草送别》）

教师：请同学思考，这首诗蕴含了怎样的数学问题?

学生：周期性，草在一年中随时间变化的情形。

建模：研究"一岁一枯荣"粗略的函数模型。

不妨将草的长度设为 $h_{(t)}$，时间 t 位于（0，12）就能描述以一年为周期的函数模型（不妨假定，草在 4 月开始逐渐生长，6 月生长停止，11 月折断，直至次年 4 月重新生长，见图 6-11）。

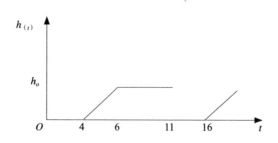

图 6-11　《赋得古原草送别》解题图

设草长得最高时的长度为 h_o，则草的长度 $h_{(t)}$ 与时间 t 的函数关系式如下：

$$h(t) = h(t+12), \quad h(t) = \begin{cases} 0, & 0 \leqslant t < 4 \\ \dfrac{h_0}{2}t - 2t, & 4 \leqslant t < 6 \\ h_0, & 6 \leqslant t < 11 \\ 0, & 11 \leqslant t < 12 \end{cases}$$

"离离原上草，一岁一枯荣"，岁岁枯荣是其生命之律动过程，其意蕴是永恒。进而点出原上野草秋枯春荣，岁岁循环，生生不息的规律，函数的周期性的数学意境和诗句的意境，呈现出一种虚实之间的辉映。

这样的数学欣赏活动，可以让学生去发现、感受、理解数学的真、善、美，进而体会数学的人文价值。

（五）对数学活动实践的一些体会

以上四类数学活动，仅仅是笔者的一些实践，可以肯定的是真正的实践类别远不止这些。这样的活动要求教师要尽量设计好，尽可能准备充分。但教学中教师不要拘泥于预设，因为在活动过程中，肯定会有许多意外的情形发生，教师要因势利导地解决，自己一时无法解决的问题，可以和学生一起讨论，共同完成。笔者在基本不等式几何意义研究的教学中，学生曾提出问题，笔者事前没有准备，但最后还是依靠学生的共同讨论解决了。

总之，开展有效的数学活动对学生数学能力、创新能力的提高都有独特的影响。个性的发展与活动密不可分，有效的数学活动也有利于促进学生良好的个性发展和全面数学素养的养成。适度的数学活动也为学生提供了很大的自主性、挑战性和竞争性，很受学生的欢迎。不过，基础教育的数学活动需要注意不能耗费过多的时间成本，必须精心设计，量力而行。

第八节 自主化教学

自主化教学，就是作为课堂的主导者，教师要转变教育思想，树立尊重学生、相信学生、放手让学生自己学的观点。在课堂上要让学生自己做主，要求学生主动参与，充分发挥学生的主体地位，使学生在课堂上充分体现学生的"自主化"，让学生真正成为课堂的主人，促使学生积极主动学习，收获学习，实现由被动走向主动。

一、理论内涵

在课堂教学中，教师应以开放的教学方式和灵活生动的教学方法激发学生学习的自觉性、积极性和主动性，使学生爱学、会学、善学，让课堂变得有趣、实在、充满活力，展现出新的风采。在核心素养导向下，如何通过自主化教学，实现学生的学习由被动走向主动呢？

（一）"预学"是课堂教学"自主化"的预防剂

"凡事预则立，不预则废。"在预学时我们要转变传统的教学观念，应该根据学生的自主性来进行教学设计。学生是鲜活的个体，他们有着许多出乎意料的言行与举止，有时是教师无法想象的。因此教师在备课这一环节，不能主观臆断，主观地认为学生会什么、不会什么、需要怎么做，而是要以学生为中心，站在学生的角度来设计，要考虑到学生可能会怎么样，为学生的主动参与预留空间，以使教学能够真正围绕学生顺利展开，要实现以学生为中心的课堂教学，教师就要处理好学生的突发情况，引导学生的言行，使之成为教学的新起点。因此，在教学中教师不能机械地执行教案，机械地进行训练，而是要尊重学生，让学生真正参与到活动中来，使课堂教学处于不断的动态生成中。

（二）"规范"是课堂教学"自主化"的固定剂

无规矩不成方圆。"规矩"在我们的教学当中起着维持正常教学秩序的重要作用。但是在我们实际的教学过程当中，却常常把"规矩"与"民主"对立起来，往往是为了做足规矩，而忽视学生的心理、情感因素，忽略了学习策略的设计与开发。而好的习惯是练出来的，不是说出来的。叶圣陶先生说过："什么是教育？简单一句话，就是要养成习惯。"学生一旦养成良好的学习习惯，便能自觉、主动地去学习。其中，培养自觉与质疑习惯尤为重要。在教学中，教师要努力培养学生自学和敢疑、敢问的良好习惯，充分发挥学生的创新能力，切实把学生推向主体地位，提高课堂教学效率和学生的学习能力。学生养成自学与质疑习惯，并非一朝一夕，需要逐步形成。在平时的课堂教学中从最基本的问好、着装、整队、培养入手抓起。在课堂上多给学生提供自学、提问、练习的时间和机会，同时对自学练习效果好、有自主创新的学生多鼓励多表扬，调动学生自学与质疑的积极性，形成良好的学习习惯，提高动作技术、技能的学习。

（三）"启发"是课堂教学"自主化"的催化剂

启发，就是从旧知识引进新知识，激发学生的求知欲望，使他们有迫切想了解和解决问题的需求。好奇是少年儿童的心理特点，它往往可促使学生做进一步深入细致的观察、思考和探索，从而提出探究性的问题。随着我国教育教学的不断改革，教育观念不断更新，绝大多数教师已形成共识，即只有坚持启发式教学才能使学生积极参与学习。如果我们能营造一个积极宽松和谐的课堂教学氛围，让学生成为"问"的主体，成为一个"信息源"，那么学生学习的积极性和主动性将被大大激发。只有学生自己主动提出问题，主体作用才能得以真正的发挥，才能体现自主探究发现。因此，教师要随时注意挖掘教材中隐藏的"发现"因素，创设一种能使学生主动发现问题、提出问题的情境，启发学生自己发现问题、探索知识，使教学过程围绕学生在学习中产生的问题而展开。正因为重视了他们是学习活动的主体、探究的主体、发展的主体，因此在学习过程中学生自觉地进行练习，变教师要学生学为学生自己要学。

（四）"自主"是课堂教学"自主化"的生长剂

每个学生都富有自己的个性，都是与众不同的，他们之间存在着个性差异，有着不同的兴趣、想法和做法。教师要根据不同学生的性格特点和素质特长，有的放矢地培养他们自主学习的能力。

教师要把学生引向"趣"，充分体现学生主体地位。兴趣来自哪里？兴趣来自生活体验。每个学生都有独立的个性，其表现方式也呈现出多样化。教学中以"学生的发展"为中心并不完全等于以学生为中心，因而教学效果并不理想。学生能快乐地学，又能使课堂保持良好的状态，教师的引导是发挥着关键作用的。自主不只是开放，自主也需要引导。

教师要把学生引向"活"，充分发挥学生主体地位。教师的思想要开放，要不断尝试新的教学模式。我们看过许多综艺节目，它把群众性、知识性、趣味性、参与性集于一体，而我们的教学能否从中受到启发呢？我们应努力提高自己的教学艺术，语言要亲切、有感染力、充满激情、具备"主持人风格"的教学艺术；课堂组织应依据课的内容、学生的实际情况创造性地选择不同的形式，教师在课件的组织形式上要有创新，这是把学生导"活"的前提。

（五）"合作"是课堂教学"自主化"的辅助剂

合作是通往成功的桥梁。只有学会与别人合作，才能取得成功。现在的学生大多是独生子女，受家庭保护太多，自我中心膨胀，合作能力、合作意识相对缺乏。

总之在教学中，教师要巧妙运用教学艺术，给学生一个广阔的学习空间，学生就会表现出一个自主的特色。在丰富多彩的自主活动中，学生的自主能力得到提高，就能够培养学生的自主性，并不失时机地对其加以正确的指导和引导；尊重学生的人格，努力创设一种相对宽松、自由的教学环境，培养学生敢想、敢说、敢做的无畏精神。

二、高中数学自主化教学策略

（一）依据课型，课前精心设计预习方案

设计课前预习问题，课内外一体化安排，让学生带着已储备的知识、疑问进入课堂。课前预习有利于学生掌握重点，发现难点，使课内学习有了更强的针对性，更利于知识的全面掌握。高中生有一定的自学能力，引导其掌握科学有效的预习方法，预习时学生会努力搜集已有的知识和经验来理解、分析新知识，这样能变被动学习为主动学习，变学会为会学，从而提高课堂教学的有效性。当前，有很多教师不重视课前预习，学生也是一味地依赖教师而被动地学习，大多数学生只有在老师布置后才走马观花地去预习。因此，为避免预习流于形式，教师应先设计预习方案，列举自学提纲，从内容到思维的深广度、知识与方法归类、预习笔记记录的疑问点与讨论点等都要提出具体要求。

（二）教学模式中注重小组合作

高中数学的教学中，可以利用小组组合形式进行学习，这也有利于学生自主学习能力的提高。组合学习不仅有利于学生积极主动地参与到学习中，还能培养学生的协同互助能力。教师可以根据学生能力进行科学性分组，小组内相互带动讨论，在交流中发展自主意识，同时开阔思维。

小组讨论是自主学习最常见的模式之一，也是培养学生交流合作能力、自主探究能力、创新质疑能力和逻辑思维能力的最有效途径之一。例如，在"三棱锥体积"的求解教学中，教师可以采取"先学后教"的教学模式，让学生自由组成讨论小组，结合之前学过的"三角形面积"的知识，讨论如何得出"三棱锥体积"的计算公式。

（三）利用集体探究培养自学能力

小组讨论的优势是给学生足够的独立思考空间和合作探究机会，充分体现学生在数学学习中的主体地位；而集体探究的优势在于强化对于学生的思维训练、实现知识脉络的清晰呈现，二者相辅相成，可以结合使用。

例如，在"三棱锥体积公式推导"小组讨论结束后，教师可以先针对各组的讨论过程进行点评，然后带领全体学生针对各组讨论结果进行总结分析，进而得出"三棱锥体积公式"的最佳推导方法和正确推导结果，使学生对于之前的讨论思路进行校正与反思，帮助学生拓宽学习思路、完善思维方法、掌握数学知识、形成自学能力。

（四）建立良好的师生关系及和谐融洽的课堂气氛

亲其师方能信其道。随着教育改革的发展，传统的师生关系显然在新型的教育发展中已经不能起到积极的作用。那么教师应该在不断地积极进取中，发挥教师的个人人格魅力，与学生建立和谐友爱的师生关系，营造和谐融洽的课堂气氛，使学生在潜移默化中对教师产生信任感。

在放松、有爱、积极的课堂上学习，能够激发学生自主学习兴趣。就现在的高中学生而言，他们也很希望老师能把他们当作知己，看作朋友，尤其在枯燥的数学课上，他们更希望数学教师是"一杯清凉解渴的白开水"，以滋润他们美好的心灵。其实数学课就好比是一块情感的绿洲，教师在教学中只有情理结合，倾注自己的情，倾注自己的爱，才能使这块绿洲中的花儿永远充满活力。

（五）师生互驳的新型教学模式

师生互驳是体现平等师生关系和营造和谐教学氛围的一种自主学习模式，通过教师与学生的互相"驳斥"，帮助学生提高知识的理解能力和应用能力。同时，也培养学生的质疑精神和创新精神，进而培养学生的自主学习意识。

（六）积极引导学生进行课堂反思与总结

自主学习意识的最后一步是课堂总结及反思，这是十分重要的。在数学教学中，教师可以鼓励学生养成写错题集的习惯，让学生在纠错的同时进行良好的反思，总结出学习方法与答题思路，让单一的学习变得多向。同时课堂总结也有助于学生建立自己的学习计划，在计划的完成过程中增加个人自主学习的动力，使学生的自主学习更好地开展。

学生课后自觉进行反思，归纳梳理知识，总结解题规律，概括同类题目的解题通法，再由通法去解决同类题目，这对解题能力的提高尤其重要，有助于形成独立解决问题的能力。学生要善于在思考中感悟，把知识技能及解题策略真正内化为自己的东西，打造一个完整的数学解题方法体系。将一些重要的数学思想、数学方法进行有效整合，解题方法灵活贯通，在形成知识网络的同时，思维品质得到优化，思维能力得到长足发展。反思归纳，总结概括，在增进学生数学素养的同时，更有利于学生的可持续发展。

（七）让所有学生自主学习

学生之间存在差异，教师要善于发现每位学生的闪光点，哪怕是对其很微弱的亮点，也要给予鼓励，让他们享受成功的喜悦，为其树立上进的信心。教师不能用统一的标准去衡量所有学生，对不同层次的学生，可以安排不同程度的学习活动。课堂上可设置不同层次的题目，数学基础较差的学生，可选做一些套用定理公式的基本题，基础扎实的同学，可设置一些一题多解、多题一解的发散性思维的训练题。

（八）自主化教学设计

虽然自主学习的影响因素有很多，但是数学自主学习的核心是要建立正确的学习框架，而学生认知中没有正确的习得策略，如果教师只是任由学生探索，会浪费很多时间，并且没有质的进步。所以教师要依据策略引导学生进行自主学习，教师是教育的关键，改变教学观念、转变教学方式最后都要落实在教师身上，落实在教师队伍上，通过大量文献阅读，笔者将教学设计分为三个阶段：课前的准备工作、课上的交流互动、课后的总结反思。教师需要在课前根据教学目标，布置适当的学习任务，在课上利用思维导图进行讲解时，还要分配小组成员，规划小组讨论，课后利用思维导图进行分析和总结。在具体教学过程中，要根据学生的特点，每章节的内容量和特点选择合理的授课方式，精心设置每一环节。下面结合具体一个案例，思维导图在数学课堂中实施，从而了解教师的教学过程。

1. 课堂实施背景

①课题：对数函数及其性质。

②教材分析：该内容选自人教 A 版高中数学必修一第二章第三节的第一课时"对数函数及其性质"，本课时内容是在探究了指数函数及对数的基础上，进一步研究对数函数，为学习下一节幂函数的知识做铺垫，同时也为之后学习方程和不等式打基础，起着承上启下的作用。

③教学目标：深化对数函数的定义。对比指数函数的学习过程，制定探究对数学函数的基本思路，并逐步渗透函数类比思想，理解对数函数的图像及性质，能对两个对数的大小进行比较以及求函数的定义域问题，对比指数函数和对数函数的联系，建构知识网络。

④教学策略的使用：在学生学习对数函数图像与性质之前，已经学习了指数函数性质与对数的计算，所以在课上首先让学生利用思维导图进行有关指数函数的复习回顾，其次通过引入生活实例，概括出对数函数的定义，最后根据学生绘制的导图，分析学习指数函数图像与性质的基本思路，将其归纳的步骤应用于对数函数的学习中，给学生不同的底数 a，让其小组合作，绘制对数函数图像，观察图像，总结性质。此外，教师要针对本节课的例题进行精讲，并用思维导图表达解题过程，让学生掌握解决此类型问题的基本步骤，在结束本节课之前绘制导图进行课堂小结。

2. 课堂教学记录

在这节课之前，已经讲授过绘制导图的基本方法和策略，并在教师的指导下完成了第一章集合和函数的相关思维导图，这既是对之前所学知识的回顾总结，又可以熟练地掌握绘制思维导图的方法。本节课核心部分共有四个步骤：首先是课堂导入环节；其次帮助学生厘清思路、分组讨论、归纳性质；再次是当前内容的例题精讲，依据乔治·波利亚（George Polya）的解题四个步骤，完成解题；最后训练学生用思维导图进行课堂总结，给学生布置相应的作业，检测自己的学习情况。在每一个环节中，教师和学生分别有不同的任务，教师要帮助学生回忆学习指数函数图像与性质的基本思路，引导学生主动设想本课程的安排，然后是绘制思维导图。教师在展示学生的作品时，不仅要分享优秀作品，还有对不完善的作品进行指导和修正。在课堂回顾复习环节，教师展示完课件之后，要采用不同的方式，教会学生正确的绘制导图，接下来，具体呈现本节课的一些教学片段。

教师：同学们，昨天我们学习了指数函数有关性质，并要求每位同学在课下绘制了思维导图。（用PPT展示了学生的作品，并且通过交流讨论，共同完善思维导图，见图6-12）

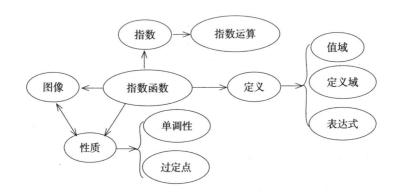

图6-12 学生绘制有关对数函数的思维导图

教师：接下来，每位同学思考一下，我们应该从哪些方面学习对数函数，如何进行研究？

学生：从函数的定义、图像及性质三方面研究。

学生：绘制特殊函数的图像，然后观察图像归纳异同点，最后得出性质。

教师：我们应该选哪几个函数的图像，从哪些方面观察绘制的函数图像？

通过环环相扣的提问，引导学生掌握研究对数函数的思路和方法，以此来初步建立学习初等函数的基本思路，渗透类比的思想方法。

教师：小组讨论，明确我们的研究思路，并制订相应的学习计划。

学生：首先类比学习指数函数时，画出以2，3为底的函数图像，其次在同一坐标下观察，得出图像的共同和不同点。

学生：画出以10和1/10为底的函数图像，观察图像中 x，y 的取值范围和图像变化趋势的问题。

教师：很好，按照大家制订的计划，现在我们在同一坐标系下分别绘制以 2，3，1/2，1/3 为底的函数图像，并且从 x，y 的取值范围、定点和单调性的角度观察他们的异同点。

学生开始独自画图，观察图像。在该环节学生通过对指数函数的回顾，自行设计了研究对数函数的基本思路，这样有利于学生进行有目的、有计划的学习，从而提高他们独立进行学习的能力，并且对之后研究幂函数打下了基础。

学生：首先观察 x 的取值范围，发现图像在 y 轴的右侧，所以其定义域为。

学生：发现在图像中，y 可以取任意实数，所以值域为 R，还发现每一组图像都经过（1，0）点。

学生：通过观察图像发现，当 $a>1$ 时，y 随 x 的增大而增大，当 $0<a<1$ 时，y 随 x 的减小而减小。

学生边回答，老师边在黑板记录，形成板书。

教师：很好，大家总结了对数函数的基本性质，看下面几个题（教师在 PPT 上展示例题）。

将下列各式进行大小比较：$y_1=\log_2 3.4$ 与 $y_2=\log_2 8.5$，$y_3=\log_{0.3} 2$ 与 $y_4=\log_2 0.3$，$y_5=\log_a 2.6$ 与 $y_6=\log_a 2.7$，首先来分析以下题意，我们学习过比较大小的方法只有两种，一是作差，二是作商。这个题显示作差容易一些，其次我们观察是否为同底，比如第一问，两个函数都是以 2 为底，所以对应的函数在定义域内单调递增，又 8.5>3.4，所以 $y_2>y_1$，第二问很明显是非同底，通过计算可得 $y_3<0$，$y_4>0$，所以 $y_4>y_3$。

教师在给学生讲解过程中，分类讨论的思想学生可能听起来不易接受，这时如果借助思维导图，即可清晰明了。

教师：最后就是作业的布置，大家分别找三个比较大小的题型和同桌互相交流。

在解题过程中师生要共同探讨，找到解题的方案，可以让学生真切地掌握遇到该问题时，在何种情况下应该采取何种解题办法。教师在搜集学生绘制的思维导图（图 6-13）中，可以发现学生的认知特点，明确他们的学习程度，以及可能暴露的问题，然后针对学生的特点给予正确的指导，做到因材施教。

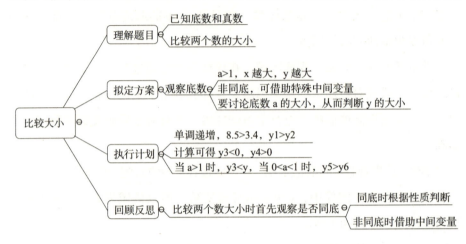

图 6-13　教师展示"比较大小"类型题的思维导图

（3）课堂反思

通过以上案例可以发现，教师展示不同的思维导图，并在不同环节使用思维导图或者引导学生自己制作思维导图，目的都在于让学生感知其功效性。让学生体会到思维导图不仅是一张图，它可以帮助学生把握中心、厘清思路，做题时不是靠题海战术，而是做一个题解决一类问题。数学课堂中使用的思维导图工具，使学生受益最明显的是解题和记忆两方面。尤其是在解题中，学生反映通过绘制导图，让思路更加清晰，不再畏惧难题，可以一步步从已知到未知逐步解决，绘制导图不仅可以厘清该题的思路，还有温习的效果。结构化的知识体系是减少认知负荷的一种方法，在知识回顾环节，教师采用不同的方法进行设计，目的就在于让学生记忆更加深刻，在认知中形成网络框架结构。

第七章　基于核心素养的课堂教学评价

基于核心素养发展的课堂评价，意味着教师在认识、设计与实施课堂评价教学行为时，要避免急功近利的浮躁心理，回归教育的教育性，即首先考虑的是如何通过评价的契机可以捕获促成学生人格品质和关键能力发展的现场资源，聚焦学生的学习思维，引领学生去接受不同学习路径所获得的不同收获，领略深度思考的力量。

第一节　定位性评价

定位性评价又称安置性评价、预备性评价。主要是在特定的教学活动之前进行评价，判定学生的前期准备。它要解决的问题是：学生是否已掌握了预定的教学活动所必需的知识与技能、在多大程度上可以达到预设的教学目标、学习兴趣培养、学习习惯养成，以及人格品质发展何种教学模式更好等。

定位性评价是了解学习程度并且以此来进行分组教学的一种评价。那么，如何做好核心素养导向下的定位性评价呢？

一、要了解学情

在教学中，学生是有差异的，我们要了解的正是这种差异。打个比方：就像是很多不同的车（牛车、马车、轿车、火车等），就算在同一起跑线上，跑起来也会有些快、有些慢，有些能顺利跑、有的跑两步会抛锚。教师不能跟着"快车"向前跑，而忽视跑慢的和停下的，而是要帮助那些跑得慢的和停了的车找出原因，要尽其力量让所有的车都跑完全程甚至一直跑下去。"知己知彼，百战不殆"，这句话在教学中同样适用，教师只有了解学情，才能做出正确的判断，做到因材施教。在工作中我们常用的学情了解方法如下。

1. 教学中观察

在教学过程中，通过学生的一举一动都能够了解学情，教师经过观察（不一定是一堂课，有时候是几堂课）可以了解到学生在学习中，对哪些地方感兴趣、哪种学习方式更有效、哪些内容掌握了、哪些地方还有所欠缺，便于教师根据学生的反映及时调整自己的教学策略。

2. 课外观察

课外的观察，在课间观察学生的言行及活动，从中能了解学生的兴趣爱好，脾气秉性，便于投其所好。比如有些学习困难的学生，在可见的游戏中却表现出很好的组织协调能力，教师可以尝试让他管理班级事务，树立他的信心，培养他对于学习的兴趣。

3. 作业批改分析

教师要认真批改学生作业，作业不仅是对学生所学知识的巩固、运用、拓展，还能帮助教师分析学生学习情况。学生是存在差异的，认真批改作业，就能从作业中更加清楚学生在学习过程中的这种差异，为教师合理安排教学内容、因材施教提供依据。

4. 家访

家访也是了解学情的一个很好的途径，学生身上的很多问题都可以在家访中得到答案，当然家访不能变成上门告状。

5. 和学生直接交谈

和学生直接交谈这个方法很直接，在交谈中可以更深地了解学生学习情况，引导学生对自己学习的反思、总结自己的优势和不足，还能增进师生间的感情。教师和学生交谈要注意方式方法，不要搞得很正规、严肃，不然学生会很拘束，谈话也就达不到了解学生的目的了。

总之，只要教师心里装着学生，工作中、生活中每一个细节教师都可以了解你的学生。

二、明确如何进行分组教学

分组教学，可以理解为教师根据课堂教学的需要，在分析教材、了解学情的基础上，结合实际，有针对性、有目的地将学生分成多个小组进行教学的组织形式。分组教学有合作分组、随机分组、同质分组等多种形式，课堂教学中采用何种形式不是固定不变的，要结合教材的特点与学生的具体情况进行合理的选择。无论采用任何哪一种分组，它都必须能有效地调动学生的积极性、发挥分组的有效作用，利于学生的学习。

总之，只要教师深入了解学情，制定符合学生自身特点的分组教学，定位性评价就会取得成功！

第二节　形成性评价

形成性评价又称过程评价，是在教学过程中进行的评价，是为引导教学过程正确的前进而对学生学习结果和教师教学效果采取的评价。形成性评价的主要目的不是选拔少数优秀学生，而是发现每个学生的潜质，强化改进学生的学习，并为教师提供反馈。心理学的研究成果和教育实践经验表明，经常向教师和学生提供有关教学过程的信息，可以使学生和教师有效地利用这些信息，按照需要采取适当的修正措施，使教学成为一个"自我纠正系统"。

核心素养导向下，如何更好地开展过程性评价，发挥其最大功效？如何才能让学生在课堂活动中找到自己的位置，获得成功的体验和喜悦呢？

一、准确定位评价的性质，制定切实可行的评价目标

"学习质量评价"是指对学生学习情况的一种综合性评估。这一综合性评估，既可以是针对学生某一学期或某一学年的阶段性测查，也可以是针对学生整个学段的总结性测查。这一综合性评估，是对学生某一学期、某一学年或整个学段能力情况等的显示，因而也是一种目标参照性测查，即主要考查学生在一学期、一学年或整个学段对教学目标达到的程度。

目标是评价的依据，又是评价所致力于达到的终极结果，因而可以说，没有评价的目标也就无法进行评价。我们所构建的学习质量评价目标体系，

既应包含每一课、每一单元的目标，更应着力构建好每一学期、每一学年和整个学段的目标，使之包含各学期、各学年直至整个阶段的学习要求，全面反映各个时期的能力、素质要求，成为一个知识结构层层递进、能力发展螺旋式上升的完备型整体系统。

二、评价应建立在尊重学生，重在鼓励的基础上

评价的根本目的，是促进教育对象生动、活泼、主动的发展。要使学生发展，首先要包容他们在发展中出现的错误。只有包容他们的错误，才能减轻他们的思想负担，帮助他们树立信心。教师在教学中不应吹毛求疵，而应细心呵护学生。教师应承认学生的差异性，尊重学生的独立性、个体性，与学生建立平等的人际关系。正所谓"一千个人眼里有一千个哈姆雷特"，每个学生的经历不同、知识结构不同。过分强调统一只能是扼杀了学生学习的积极性和创造意识。因此，教师不必把自己的意愿强加于学生，应该以参与者的身份与学生一起开展具有相互作用的对话。

教育艺术的本质应在于唤醒、激励和鼓舞。学生在宽松、和谐、民主的自由空间里与老师、学生进行心灵的碰撞，不断获得成功的体验，最终走向成功。所以，诸多名师都认为鼓励是教育的法宝，是最适宜的"润滑剂"。

三、给予学生多次评价机会，是过程评价的途径

过程性评价应重在促进评价对象的转变与发展，要将评价贯穿日常的教育教学行为中，使评价实施多元化、立体化。教师的评价只是过程性评价的一种。教师作为评价活动的组织者、协调者，其手段有以下几点。

1. 平时与阶段相结合

仅凭一两次测试，不能恰如其分地评价出学生的实际水平、能力。教师应该注重平时的测查，一方面反映出学生在学习中的进步、发展情况；另一方面也可淡化学生对阶段性考查的"恐惧意识"，增加测查的可信度。

2. 课内与课外相结合

大部分测查应在课内进行，以保证评价的准确性。但某些测查则可在课

外实施，通过游戏、活动的形式（如成语接龙、传话、即兴演说、辩论赛等）进行，寓测查于活动之中，从而在具体的语言环境中，检测学生对语言的理解和使用能力。

3.教师评定与学生自评互评相结合

教师评定学生的学习质量，准确性高，但同时也较"武断"，不易调动学生的学习积极性。个人自评、同桌互评、小组评议等学生自评的方式，适合学生活泼、好动的特点，发挥了学生的主体作用，调动了学生学习的积极性。

四、评价个性化，往往会取得事半功倍的效果

表现自我，展示自我，是每一个学生都愿意并积极去做的事。他们渴望父母的赞扬、鼓励，渴望教师的肯定、欣赏，渴望其他学生的羡慕、赶超。他们需要感受成功，成功后的喜悦、自豪会促使他们继续努力，百尺竿头，更进一步。可是现在不少评价浮光掠影、轻描淡写，有的鼓掌成了"打拍子"，甚至有的表扬成了"贴标签"。陶行知先生说："教育是心心相印的活动，唯独从心里发出来的，才能打动心的深处。"无论什么样的评价都必须动情，白居易云："感人心者，莫先乎情"。若能做到准确得体、生动丰富、机智巧妙、诙谐幽默、独特创新，那将取得事半功倍的效果。

过程性评价是一门艺术，每一个学生都有自己的智力强项和独特价值，对不同的学生应采取不同的评价标准和评价方式，且学生处于身心发展时期，各个方面很不稳定，可塑性很大。教师在客观评价学生的过程中应充分善待学生身心发展上的差异，转变评价的视角，找出学生的闪光点，灵活运用多样化的激励性语言及时予以评价。所以，评价的形式应多样，评价的内容应宽泛，评价的标准应多维。教师尤其要注意给学困生多一点期待性的评价，使他们在教师真诚的期待中产生积极向上的情感体验。注重过程性评价是对学生可持续性发展的关注，是对学生独立个性和健全人格的关注。

第三节　诊断性评价

诊断性评价是对形成性评价的一次复诊。它主要是对教学背景及学生的各方面情况进一步做出评价，它的重点是对学生学习中的屡犯错误进行深层次的调查。诊断性评价的目的，是设计一种可以排除障碍的教学方案，是识别那些高出或低于零点的学生，这样就可以把他们分置在最有益的教学序列中。根据这两方面得出的结果，教师就可以检查教学目标是否定得太高或太低，教学内容选择是否恰当，是否适合学生的水平及兴趣，并可以根据不同的内容和不同学生的特点选择不同的教学方法和组织形式。

在教学过程中进行的诊断性评价，主要是用来确定学生学习中的困难及其成因的，这对于促进学生的主动发展有着积极的现实意义。如何开展核心素养导向下的诊断性评价，帮助学生扫除学习进程中的障碍呢？

一、诊断解题思路，转变教学方式

对于教师而言，诊断性评价最主要的价值在于提升教师自我反思的意识和能力，并发现传统教学观念在自己教学行为中的表现，体验新教学理念如何才能转化为自己的教学实践。

例如一次期末考试，改评以后，许多教师几乎不约而同地记下了这样一道题：一个长方体礼品盒，长60厘米，宽30厘米，高40厘米，在这个长方体上绑上包装袋，打结处长15厘米，问需要多长的包装袋？这是三年级学生的试题，对于三年级学生而言，的确具有一定的难度，所以在考试前几天教师还对这道题进行了讲评，但是还是有许多学生做错。那么究竟会是什么原因呢？对此教师感觉到这可能是一个很好的反思案例，就首先把"反思的镜子"转向自己，寻找与问题有关的心智模式的缺陷，反思自己，寻找缺失。为了找到真正的错误原因，教师主动对自己的教学行为进行了一番梳理，又找了不同层次的学生进行交流，还对新教材在这一内容方面的编排进行了查找，逐渐明晰了自己的失误。其实对于这一道题的解答，学生只是建立在学习了四边形（正方形和长方形）的基础上，而对于立方体的空间观念还没有完善，再看其他相应内容，却有很重要的数学思想"平移与旋转"的单元学习，至此教师明白了问题还是出在自身。教师在引导学生解答这道题时，是按立体图形的空间观念进行建构的，而漠视了学生在这一方面的空白，相反地却把"平移与旋转"的重要数学思想方法给忽略了。如果教师对这道题采取平移的办法，把捆绑的绳长平移到正对我们的那个长方形、正方形四周，不就把问题转化为解答长方形、正方形周长的简单问题上了吗？困惑教师多时的苦恼在自我诊断中得到突破，并促进了教学方式的转变。

二、诊断教学行为，关注学习方式

在一次单元自测中，有一道判断题：等腰三角形一定是锐角三角形，对吗？结果全班几乎有1/3的学生认为是正确的。这位教师看后很生气地说："这么简单的问题，我已经讲过多少遍了，为什么还是错的？这些人肯定上课没有认真听讲。"

笔者了解这个情况以后，就主动找到了这位教师交流，笔者问："你上课时在讲等腰三角形时是怎样画等腰三角形的，画几个看看？"这位老师听后画了两个等腰三角形，结果是标准的锐角等腰三角形，正面立着。笔者又让这位教师画了几个等腰三角形，这样才出现几个其他等腰三角形。问题基本找到了，笔者就问："一般举例，你都画哪种等腰三角形？"这位教师说："一般画锐角等腰三角形，但有时也画其他的。"问题至此已经很明白，正是这位教师的"一般行为"在无意中引导着学生的认知错误。因为学生对于概念的认知建构大多依靠表象的支撑，表象是学生学习概念、建构概念的最基本途径。这位教师在教学中经常无意识地使用等腰锐角三角形作范例，许多学生就会有概念建构的误导。这里给了我们一个启示：在教学中，教师在关注自己的教学方式的同时，更应该关注学生的学习方式，给学生一个正确的引领更重要。

三、诊断学习习惯，引领自我评价

学生学习习惯的养成对于学习是至关重要的。教育家叶圣陶指出："教育就是培养习惯。"但是习惯也有好坏之分，随着学生学习的增长，习惯也以各种不同的方式呈现，有些是显性的，而有些需要我们留心辨析。例如，刚刚学过三角形的分类后学生所做的习题（表7-1）。

表7-1 学生完成的习题

角的大小	小于90°	等于90°	大于90° 而小于180°	等于180°	等于360°
角的名称	锐角三角形	直角三角形	钝角三角形	平角三角形	周角三角形

作业一呈现出来，就令教师啼笑皆非，但教师看过后留下的更多是思考：为什么我们的学生会这样呢？教师的分析是这些学生没有审题习惯，这种分析是正确的。但还有没有更深层次的原因呢？对此，笔者认为学生还缺乏自我评价的意识。这道题的错误是很明显的，没有审题是错误的第一个层次，而随着填空的完成（已经出现"平角三角形""周角三角形"），学生却还没有发现自己的错误，说明这些学生对于自己在作业中的自我评价是麻木无知的，缺乏意识。教师对此所发现的问题就应该警醒了，教师在教学中不但要培养学生认真审题的习惯，也要逐渐培养学生的自我反思、自我评价的意识，引导学生学会从结果等方面进行反思、评价，学生就更具有可持续发展。

四、诊断做题流程，引导发现问题

学生学习中的错误是复杂、多变的，而在学习过程中出现的错误往往具有隐蔽性，为此，教师更应该关注学生学习过程中的心理因素，引导学生主动寻找原因，发现问题，解决问题，促进学生健康发展。例如在"多位数乘一位数"的教学中，随着教学的纵深发展，教学内容的复杂化，学生的错误也呈现出多样性、复杂性、隐蔽性，让教师有点无所适从。

开始教师误以为是学生粗心所致，所以一直提醒学生认真做作业，但是学生的这种错误一直无法得到较好的纠正，是什么原因呢？教师没有责怪学生，而是开展了一次自我诊断、主动寻找原因的教学活动。活动前教师创设了一种情境，接着让计算错误的学生重新计算，并且要求一边做一边说自己的做法，重现过程，并且请了其他学生监看过程，从大量反馈回来的信息分析，教师和其他学生终于恍然大悟。原来计算错误的学生担心忘记二次进位，他把每一次的进位提前定位在脑海中，而没有加上进位后的数就匆匆向百位进位了。找到了错误原因的学生兴奋异常，欢呼自己的"伟大胜利"。

第四节　总结性评价

总结性评价又称终结性评价、事后评价，一般是在教学活动告一段落后，为了解教学活动的最终效果而进行的评价。学期末或学年末进行的各科考试、考核都属于这种评价，其目的是检验学生的学业是否最终达到了各科教学目标的要求。总结性评价重视的是结果，借以对被评价者做出全面鉴定，区分出等级，并对整个教学活动的效果做出评定。

总结性评价是课堂教学的一个不可缺少的环节。它对帮助学生厘清知识结构，总结重点，理解难点，活跃思维具有重要作用。总结性评价的好坏，直接决定着一堂课的成功与否。那么，如何提高核心素养导向下的总结性评价的水平和效果呢？

一、要及时

人类遗忘的规律通常为先快后慢。而学生在短短40分钟内接受了大量的零碎信息，他们尚缺乏概括、归纳、总结能力，对所学知识如不及时加以总结，遗忘得会更快。只有让学生在较短时间内重复所学内容，引导学生对所学知识归纳梳理，使知识系统化和网络化，才能使他们对学习内容有较好的记忆。因此，在每节课结束前，及时对所学的主要内容进行小结，可加深学生对知识的理解和记忆，从而更好地掌握课堂教学内容。

二、要简练

总结性评价并不是单纯地将所讲内容简单地再讲一次，而是要浓缩提炼，抓住最本质、最主要的内容，做到少而精，简明扼要。所以，教师一定要精选总结性评价的内容，有目的地对重点难点内容进行讲解，而对非重点难点的内容则予以省略，切忌简单、机械地重复；要有的放矢，去粗存精，去枝蔓存主干，提纲挈领地展示本节课所学内容。

三、要有针对性

总结性评价必须针对教学内容和学生特点，具有鲜明的针对性。凡是学生难理解、难掌握和容易出错的概念、法则、公式等都应及时阐明。力求突出重点、突破难点，使学生进一步巩固所学知识，提高综合运用知识的能力。除了对知识点总结外，还要对思想、方法总结。如数学中有分类、转化、类比等思想方法，针对这些内容会对学生拓展解题思路、提高思维能力起到潜移默化的作用。

四、要能联系前后知识

知识具有一定的系统性和条理性，往往前一个结论是后一个规律的基础。只有通过适当的方式引导学生将所学内容与前后的知识相联系，学生才能学得活、学得好，才能真正掌握所学的内容。总结性评价时教师应抓住知识之间的内在联系，激疑设悬，让学生课下自愿地去探索、探究，做到课断而思不断，言尽而意不尽，同时也能为下一节课做好铺垫。

总之，只要教师重视总结性评价，精心地准备、精确地提炼总结性评价，教会学生观察、思考、归纳、总结，就能培养学生解决问题、升华思维的能力，就能有画龙点睛的效果。

第五节　激励性评价

激励性评价是指在教学过程中，教师通过语言、情感和恰当的教学方式，不失时机地从不同角度给不同层次的学生以充分的肯定、鼓励和赞扬，使学生在心理上获得自信和成功的体验，激发学生学习动机和学习兴趣，进而使学生积极主动学习的一种策略。

那么，在课堂教学中，如何运用核心素养导向下的激励性评价方式呢？

一、爱生 —— 激励性评价的基石

扬·阿姆斯·夸美纽斯（Johann Amos Comenius）说："孩子们求学的欲望是由老师激发起来的，假如他们是温和的，是循循善诱的，不用粗鲁的办法去使学生疏远他们，而用仁慈的感情与言语去吸引他们；假如他们和善地对待他们的学生，他们就容易得到学生的好感，学生就宁愿进学校而不愿停留在家里了。"教师教育学生的过程，是师生情感交流的过程，如果教师热爱学生、善待学生，那么就会如同磁石一般，吸引学生、激励学生去积极思维，用心学习，克服困难，走向成功。罗素（Russel）说："凡是教师缺乏爱的地方，学生无论品格还是智慧都不能充分地或自由地发展。"教师只有对学生抱有强烈的爱、宽容的理解、诚挚的友善、平等的尊重，才能引起学生对老师的崇敬、信任和亲近，才能创造激励学生学习的感情基础，营造有利于学生德、智、体等全面发展的良好教育气氛。

二、突出学生主体地位 —— 发挥激励性评价作用的重要手段

新课程改革下的课堂，是师生互动、生生互动的课堂，学生是课堂的主角，因而，在教学中，教师应把自己定位为学生学习的服务者、组织者、促进者、启发者、帮助者、激励者，真正地把课堂还给学生，突出学生的主体地位，实现多元激励性评价。

尤其要注重发挥同学之间的互评作用，来自同伴之间的激励作用是巨大的。美国一位名叫海伦的教师，在教育后进生效果不佳时，想了一条"妙计"，海伦让每个学生用纸写下其他同学的优点，然后海伦再把每个学生的优点集中起来，抄在一张张小卡片上，分发给每一个学生。学生看到"优点单"上写的自己的优点，一个个惊喜万分，这张并不起眼的小卡片，让优秀学生的优点更加突出，使他们更加自信，同时也使那些有这样或那样缺点的后进生看到了自己的优点，增加了自信。海伦的学生中有位叫迈克的青年军人——这个当年因上课捣蛋而被老师用胶带封住嘴巴的学生，后来还把这张卡片带到了战场上。他阵亡后，人们从他的衣袋里发现了那张因折叠和磨损而破旧的、有的地方还被粘贴过的卡片，那就是由同学评述而由老师亲手抄写的迈克最好品行的卡片！可见，学生间的激励，更能使他们在遇到困难的时候产生强大的动力，增强克服困难、战胜挫折的勇气。

三、适时、适度 —— 激励性评价得以有效发挥的保障

开展激励性评价重点在于如何抓好契机，也就是说老师要善于成为"及时雨"。在学生最需要的时候去鼓励，"雨"要下得及时，既不可久旱后降甘露，也不要水漫金山。在课堂上，当一个学生尽其所能解答了一道疑难问题的时候，教师就应当堂表扬；当一个学生回答问题错了的时候，教师也应先肯定他勤于思考，勇于回答问题，然后再鼓励他从多角度去思考问题。这样适时适度地激励表扬，学生学得专注，也学得开心。但是教师必须意识到激励不等于表扬，批评也是一种激励，无原则的表扬只会适得其反。要引导学生正确对待否定性评价，使其具有一定的心理承受能力，既认识到自己的优点，也清楚认识到自己的不足，并对其提出针对性的改进建议，这样才能更有效地促进学生进步发展，才是真正成功的激励。

第六节　发展性评价

发展性评价是指通过系统地收集评价信息和进行分析，对评价者和评价对象双方的教育活动进行价值判断，实现评价者和评价对象共同商定发展目标的过程，旨在促进被评价者不断发展。

实施发展性评价的基本程序是：明确评价目标和标准；选择并设计评价工具与评价方法；收集和分析反映评价对象发展过程和结果的资料；明确促进评价对象发展的改进要点并制订改进计划。实施核心素养导向下的发展性评价，其基本原则如下。

一、着眼于被评价者的发展

发展性评价基于一定的培养目标，这些目标显示了被评价者发展的方向，也构成了评价的依据，这些目标主要来自课程标准，也充分考虑了被评价者的实际情况。发展性评价将着眼点放在被评价者的未来，包括大众教育和终身学习的需要。

二、注重评价的诊断功能

发展性评价的根本目的是促进被评价者能力的提高。在评价过程中，对被评价者的现状、发展特征及发展水平的描述和认定必须是评价者和被评价者共同认可的，如果涉及要通过评等级去描述某种特征，也必须是被评价者认可的。这些描述或评定只用于分析被评价者存在的优势和不足，并在此基础上提出具体的改进建议，不应具有"高利害性"。

三、突出评价的过程

发展性评价强调收集并保存可以表明被评价者发展状况的关键资料，对这些资料的呈现和分析能够形成对被评价者发展变化过程的认识，并在此基础上针对被评价者的优势和不足给予被评价者激励或者具体的、有针对性的改进建议。

四、关注个体的差异

个体的差异不仅指学生考试成绩的差异，还包括其生理特点、心理特征和兴趣爱好等各个方面的不同特点，发展性评价通过细致观察并准确地判断每个被评价者的不同特点及其发展潜力，为被评价者提出适合其个人发展的建议。

五、强调评价主体的多元化

评价主体多元化是指在发展性评价中，评价者应该是参与活动的全体对象的代表，以对被评价者进行全方位的评价。以评价学生的某次学习活动为例，评价者应该包括教师、家长、学生、学校领导和其他与该学习活动有关的人。

第七节　外部评价和内部评价

外部评价是指离开课堂教学目标、教学内容、教学对象、教师自身特点与教学深嵌其中的教学环境，仅仅拘泥于课堂教学表层形态进行的评价。

内部评价是指评价者在专业化的课堂观察积累的素材基础上，根据课堂教学目标、教学内容、教学对象、教师自身特点与教学深嵌其中的教学环境，对教师、学生教与学行为的动机、过程、效果与价值进行评价，评价往往既有量的分析，又有质的把握，是量化分析与质性判断的结合。

一、关注教学目标，课堂教学评价立足点

毫无疑问，对一堂课做出专业评价，必须要关注课堂教学目标。它是课堂教学的起点与依据，也是课堂教学评价的依据。

一般说，教学目标不仅仅直接决定着本节课教学内容取舍、教学方法选

择，同时它自身也不可回避地要受到更为上层的课程目标的制约。比如新课标提出"具有适应终身学习的基础知识、基本技能和方法"等，所以任何一节新课程的课堂教学目标的确定，都必须服从这一课程目标。因此，在评价一节新课程课堂教学时，以一节课的"教学目标"为依据，实际上也是以课程目标为依据。课程目标与课堂教学目标虽处于不同层次，但基本精神一致，而且相互锁定。只是课堂教学目标更具体、更易于把握。

课堂教学目标一般也要接受评价。这方面的评价，首先要分析教学目标制定在总体上是否符合课程目标要求。违背课程目标要求的教学目标，理论上说是不能接受的，是错误的。然而，符合课程目标只是它的基本要求，人们还要追问"本节课为什么是这个目标而不是别的目标？"这就要把"教学目标"放到学科体系当中去审视。

二、组织实践活动，经历"做数学"的过程

新课程标准强调，数学教学应引导学生通过实践、思考、探索、交流，获得知识，形成技能，发展思维，学会学习，促使学生在教师指导下生动活泼地、主动地、富有个性地学习。因此，在教学实践中，教师要给学生搭建探究的舞台，强化过程意识，让学生经历"自主探索—举例验证—得出结论"的探究过程。首先，通过完成"自主学习任务单"上的任务，产生任务驱动，促使学生自主学习、自主探究；其次，借助微视频的学习，结合学生解读信息，让学生验证猜想；最后，完善结论。

同时，数学教学也是数学活动的教学，是师生之间、学生之间交流互动与共同发展的过程。在让学生实践的过程中，教师始终坚持引导学生根据自己的体验，用自己的思维方式自由地、开放地去探索新的知识；在学生实践的过程中，教师没有越俎代庖，而是让学生自由讨论，在思想的碰撞中交往互动，达成共识，共同发展。

三、创设生活情境，获得"用数学"的体验

随着学生生活经验和知识背景的不断丰富，他们更多地关注周围的人和

事，有进一步了解现实世界、解决实际问题的欲望。因此，在教学过程中，让学生利用已掌握的知识解决问题，紧密联系学生生活实际、学生关注和感兴趣的实例，大大激发了学生的求知欲，使学生感受到数学就在自己的身边，与现实世界密切联系。

四、进行恰当评价，培养"爱数学"的情感

学生素质中最重要的态度、情感、意志等个性品质的培养大多是在学习活动过程中逐步实现的。实践活动倡导"让学生去经历"，强调学生活动对学习数学的重要性，认为学生的实践、探索与思考是学生理解数学的重要条件。我们可以这样说，实践活动的价值并不仅仅体现在活动结束时所获得的某种有形的成果，更体现在活动过程中易于被人们所忽视的一些无形的东西，如情感体验等。教师在教学过程中，既要关注学生知识与技能的理解和掌握，又要关注他们情感与态度的形成和发展（如是否积极主动地参与学习活动，能否找到有效解决问题的方法等）；既要关注学生数学学习的结果（如知识理解的对或错、完成任务的优或差等），更要关注他们在学习过程中的变化和发展。在全面考查学生学习状况的基础上，激起学生的学习热情，让他们真正"爱"上数学。

第八节　量表评价

评价量表又称"评比量表"，是对提出的问题，以两种对立的态度为两端点，在两端点中间按程度顺序排列不同的态度，由被调查者从中选择一种适合自己的态度表现。

评价量表用不同的数值来代表某种态度，目的是将非数量化的问题加以量化，而不是用抽象的数值随意排列。

一、理论链接

实际运用中的量表形式多种多样，但其基本结构主要由两大部分构成，

一部分是用以规定考核内容的指标体系，另一部分是用以表示各种指标相对重要程度的权数体系。那么，核心素养导向下的量表评价该如何运用呢？

（一）步骤

首先，设计等级评价表，列出有关业绩因素；其次，把每一业绩因素分成若干等级并给出分数；最后，说明每一级分数的具体含义。

评价者根据要求对被评价者进行打分或评级，最后得出总的评价结果。

（二）形式

1. 数字等级评定量表

数字等级评定量表是用勾画数字的形式来确定所列行为特征的等级。行为特征一般分 3 ～ 5 个等级，用数字"1、2、3、4、5"来表示，并对数字等级做简单的文字说明。

例如，为评价学生在课堂讨论中所表现出的积极程度，以及学生所谈内容与课堂讨论主题联系的密切程度等项目时，可以用"5、4、3、2、1"分别表示行为特征的"很高、较高、一般、较低、很低"这五个等级程度。

2. 图示等级评定量表

图示等级评定量表是在每个行为特性项目的下边或右边给出水平横线图尺的等级刻度。

图示等级评定量表和数字等级评定量表之间有许多相同的地方。但数字或词语等级评定量表只限于整数等级，而图尺等级评定量表可以在连续的水平图尺线上任意取值。

评定量表除了上述两种外，常用的还有图示描述评定、检选式评定和脸谱图形评定等一些方法。

新课程课堂教学评价表，见表7-2。

表 7-2　新课程课堂教学评价表

一级指标	二级指标	定性与定量		实得分
教学思想 10 分	面向全体，平等、民主 三维目标并重 立足于学生发展	优≥9 分		
		9 分＞良≥8 分		
		8 分＞合格≥6 分		
		6 分＞不合格		
教学设计 20 分	准确领会教材意图，三维目标定位准确、清楚，突出学科特点 教学内容熟悉，重点、难点明确，并能创造性地整合利用多种课程资源 适合学生自主、合作、探究学习；内容安排合理、适度	优≥18 分		
		18 分＞良≥16 分		
		16 分＞合格≥12 分		
		12 分＞不合格		
教学活动 40 分	环节清楚、结构紧凑，课型功能体现充分 注重营造学习氛围，师生互动，关系融洽 注重过程体验和学法指导，积极引导学生思考、探索、交流、实践 与教学目标密切联系，重点突出，难点突破，过程清晰、自然，课堂活动形式灵活多样 合理使用现代教育技术和其他教具、学具为教学服务，实验操作规范熟练。使用普通话 评价准确、及时，方式灵活多样，重鼓励	优≥36 分		
		36 分＞良≥32 分		
		32 分＞合格≥24 分		
		24 分＞不合格		
教学效果 30 分	课堂气氛活跃，表现出浓厚的学习兴趣 学生思维活跃，思路正确，表达清楚，有创造性 知识得到理解掌握，能力得到培养提高，情操得到陶冶 各层次学生都有不同程度的发展，并在学习经历中掌握一定的学习方法	优≥27 分		
		27 分＞良≥24 分		
		24 分＞合格≥18 分		
		18 分＞不合格		
总体评价	总分	等级		评估人：
	评语：	执笔：		

　注：总体评价由实得总分确定等级，100～90 分为优，89～80 分为良，79～60 分为合格，60 分以下为不合格。

三、新课程课堂教学评价表剖析

（一）评价指标说明

1. 一级指标与二级指标的关系

课堂教学评价最主要的目的是教学导向，是要通过评价，使教师在不断满足评价要求的过程中，转变教学思想，改变教学行为，以适应教学改革需要。为了充分发挥评价的导向作用，该评价的教学思想、教学设计、教学活动、教学效果等一级指标是从评价的角度立意的，它们已不是严格意义的教育学、教学论概念，而是指与之相联系的要素和要求。因此，与之相对应的二级指标，并不是对其内涵的揭示和全部外延的分解，而是根据评价的导向需要设置的应关注的要点。指标相对归类是便于操作，各级各类指标都有内在的关联性。

2. 二级指标对应说明

二级指标对应说明共 16 条，与课堂教学评价量表配套使用。

第一条：知识的广度、深度、活动安排、学习参与、能力训练都关注不同层次的学生。师生共同参与，平等交流。

第二条：教学设计和教学活动突出"知识与能力""方法与过程""情感、态度和价值观"的三维整体性，同时渗透思想教育。

第三条：注重学生良好学习习惯的养成，多种能力的形成，开发创造潜能，促进学生持续发展。

第四条：准确领会教学内容在教材体系中的地位和作用，课堂目标明确，符合课标教材要求，符合学生实际。全面把握教学内容，理解准确，认识深刻，并关注知识间的相互联系；重点、难点心中有数。过程设计，活动安排，语言运用体现学科特点。

第五条：根据需要，有目的地增删或改编有关内容，增加教材的科学性、实用性；整合多种课程资源，为教学服务。

第六条：教学设计有利于学生选择适合自己的学习方式；课时内容安排适量，难易度符合新课标、教材要求和学生实际。

第七条：课堂结构完整，环节清楚，顺序合理，环环相扣，各类课型特点明显，功能体现充分。

第八条：创设学习情境，激发学习兴趣，调动学生参与；师生间、学生间的交流配合默契、和谐。

第九条：指导学生运用一定的学习方法参与学习，体验学习过程，懂得通过思考、探索、交流、实践等多种途径获得知识，培养能力。

第十条：紧扣教学目标，选择不同呈现方式和多种活动形式，并根据学生学习状态进行调整、变换；重点切入迅速准确，引导、训练、小结围绕学习重点进行，学习难点突破自然，过程清晰。

第十一条：充分利用和开发课程资源，根据需要，恰当选择使用现代教育技术、教具、学具，增强教学的生动性、直观性和有效性。有效利用实验器材、实验室，操作规范熟练，充分体现教学的实践性。教学必须使用普通话。

第十二条：运用灵活多样的方式，对学生反馈的信息及时做出客观、公正的评价。评价尊重学生体验，爱惜学生的劳动成果，肯定成绩，鼓励创新，帮助学生树立自信心和上进心。

第十三条：学习气氛活跃和谐，学生对学科学习表现出浓厚兴趣和热情。

第十四条：学生积极思考问题，主动交流，思路正确，条理清楚，富有逻辑性；实验操作熟练、规范；能从不同角度提出问题、分析问题、解决问题，思维独特，见解独到。

第十五条：知识训练巩固，学生能力培养提高落到实处，效果明显；学生在学习过程中潜移默化地受到情感教育、思想教育。

第十六条：尊重个性差异，各层都有收获，并掌握了一定的学习方法，为后续学习奠定了较扎实的基础。

（二）评价量表使用说明

本评价适用于使用新课标新教材的一至九年级各学科各类课堂教学。教师、教研员、管理者均可使用。具体要求与操作如下。

1. 做好评课准备与评课记录

评课人事前要了解所评学科课标对本年级的基本要求，了解教材内容，明确本课的教学内容、教学目标；阅读指标说明，理解指标要求；填写评课年级、学科、被评人姓名及评课日期。听课中做好记录，并以之作为评课依据。

2. 一级指标和二级指标的评定

评定时，根据教学情况，结合"指标说明"，重点观察各二级指标的达成程度，然后综合认定一级指标的定性等级。完全满足各项指标要求，为优；某些方面尚有不足，基本满足各项指标要求，为良；各项指标均有所体现，但缺陷明显，为合格；大多数指标未达到要求，或严重缺漏，为不合格。一级指标的定性等级认定后，就在该等级对应的定量分值区间取值，作为该一级指标的实得分。

由于年级、学科、课型的不同，个别二级指标不需要关注，评定时，可以排除，而不影响该一级指标的定性定量认定。

3. 课堂教学总体状况评定

根据一级指标的实得分认定总体定性等级。定性等级对应的定量取值区间为：90～100分为优，80～89分为良，60～79分为合格，60分及以下为不合格。一级指标有一项不合格，该课不能定性为优；有两项不合格，该课不能定性为良。多人评定时，取实得分的平均值确定等级。

4. 填写评语

总结性评价的定性定量评估完成后，评课人还应对课堂教学作描述评价，指出优缺点和改进意见，并填写在评语栏内。多人评课时，可合议后，指定评课人执笔填写，并署名。

参考文献

[1] 韩炳秀. 核心素养下的课堂教学 [M]. 青岛：中国海洋大学出版社，2018.

[2] 王静. 学科核心素养的培养与课堂教学转型 [M]. 天津：天津教育出版社，2019.

[3] 余文森. 核心素养导向的课堂教学 [M]. 上海：上海教育出版社，2017.

[4] 林高明. 核心素养与课堂教学 [M]. 福州：福建教育出版社，2018.

[5] 蒋洪兴，王聚元. 学生发展核心素养视域下的课堂教学革新 [M]. 长春：东北师范大学出版社，2017.

[6] 刘权华. 数学学科素养落地的"四维聚生"方式及其优化 [J]. 教学与管理，2021（13）：58-60.

[7] 陈建军. 就核心素养谈高中田径教学的现状与发展 [J]. 田径，2021（05）：23-24.

[8] 武月红，赵璇，卢玲. 核心素养背景下师范生教学能力的培养 [J]. 黑龙江科学，2021，12（09）：122-123.

[9] 牛达. 核心素养导向下高职英语阅读教学方法分析 [J]. 科教文汇（上旬刊），2021（05）：185-186.

[10] 李晓红. 基于学科核心素养的高中英语阅读教学 [J]. 科学咨询（教育科研），2021（05）：225-226.

[11] 娘毛吉. 基于核心素养培养的小学语文教学策略 [J]. 科学咨询（教育科研），2021（05）：239-240.

[12] 安建丽. 探究核心素养视野下的小学语文群文阅读教学 [J]. 科学咨询（教育科研），2021（05）：249-250.

[13] 郑艳涛，孙鑫. 基于历史核心素养视角下的高中历史教学浅析 [J]. 科学咨询（教育科研），2021（05）：262-263.

[14]周雅. 基于核心素养的小学语文群文阅读教学分析 [J]. 科学咨询（教育科研），2021（05）：291-292.

[15]白璐,佟玉英.课程思政理论下高中历史教学改革[J].黑龙江教师发展学院学报，2021，40（05）：77-79.

[16]英梦琳. 核心素养视域下小学美术手工教学研究 [J]. 美术教育研究，2021（09）：174-175.

[17]顾梓瑜. 核心素养引领下的整本书阅读教学 [J]. 文学教育（下），2021（05）：104-105.

[18]张振. 核心素养语境下高中语文课堂评价探析 [J]. 文学教育（上），2021（05）：98-99.

[19]王子琳，李民. 核心素养的美术课堂教学研究 [J]. 今古文创，2021（19）：118-119.

[20]罗玉龙，孙秀婵. 浅谈高中化学中的导入语 [J]. 中国校外教育，2015（14）：107.

[21]李佩宁. 什么是真正的跨学科整合：从几个案例说起[J]. 人民教育，2017（11）：76-80.

[22]尹君，张翠平，陈淑贤. 核心素养视阈下的中学英语课堂教学实践探究 [M]. 长春：东北师范大学出版社，2019.

[23]翟运胜. "理""练""思""测"：《认识比总复习》教学设计 [J]. 小学教学设计，2013（32）：20-21.

[24]陈士文. "智慧数学"的内涵及特质 [J]. 江苏教育，2011（10）：7-8.

[25]曾佑平. 有效教学 27 法 [M]. 天津：天津教育出版社，2018.

[26]高建华. 小学数学教学技能及训练 [M]. 武汉：武汉大学出版社，2014.

[27]范艳华. 学生发展核心素养视域下的课堂教学指南：小学数学 [M]. 长春：东北师范大学出版社，2017.

[28]梁文洁.《数字与信息》教学设计及其反思 [J]. 中国信息技术教育，2015（08）：38-41.